15分でいただきます!

Mizukiの
2品献立

   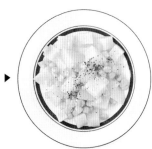

マガジンハウス

はじめに

毎日忙しい私たちには、
2品くらいがちょうどいい。

毎日の献立、どうやって作っていますか？

以前、私のSNSアンケートでたずねてみたところ、作りおきよりも、クイックに作れるスピードおかず派が8割と、「出来たてを食べたい！」という皆さんの本音を知りました。でも一方、準備にかけている時間は「30〜40分くらい」が一番多い結果に。
献立をどう手際よく作れるか、なかなか難しいですよね。
スーパーで値段を眺めながら、家族のために栄養バランスを考え、好きな食材を選んで決めていくのは大変な作業。ようやく献立が決まっても、鍋やフライパンを出して、野菜を洗って切って、火にかけて、洗い物して、器を選んで盛りつけて……。
献立＝家事の最大の悩みとも言えるのではないでしょうか？

毎日のことだからこそ、
「15分くらいでスピーディーに献立ができたら……」というゴールから、私にとって初めての献立レシピ本の企画が始まりました。

2品献立＝ 肉や魚のメインおかず ＋ 野菜たっぷりの副菜や汁物

おかずを2品作るだけでいいのです。
メインは全部フライパン。副菜は合間に作れるものだけ！　これならできそうに思えませんか……？
ボリューミーなおかずに、さっぱり箸休めにもなる副菜。組み合わせやすい大満足の2品献立です。気持ちに余裕ができて、キッチンに向かう時間が楽しくなれたらとってもうれしいです。

Mizuki

くり返し試作した
いちばんラクなレシピ

ブログを始めて約7年。試作レシピをノートに記録し続けていますが、気がつけば40冊を超えました（アナログ派なので……）。この"2品献立"では、何百品と考えてきた中で、夕飯直前でも作れそうな「時短」「クイック」おかずだけをピックアップしています！

しんどくない献立、

ラクラクチキン南蛮風

2品だから
迷わない！

＋

肉や魚を使ったメインおかずと、野菜たっぷりの副菜。これにご飯さえあればバランスもよく、大満足のごはんができ上がります！ part1の献立をそのまま作るのはもちろん、part2のおかずとpart3の副菜を組み合わせるだけで献立が決まります。

もやしの塩昆布和え

一年中スーパーにある食材で作れます

我が家の冷蔵庫にあるのは、どれも季節を問わず買いやすい野菜ばかり。味つけや切り方を変えて、マンネリにならないレシピが続々と登場します。肉や魚も安価なもの中心で経済的。巻末の食材別インデックスを見れば、余った食材も有効活用に！

本気で考えました。

本書のレシピは全部、メインおかずは「フライパン」、副菜は合間に「ボウルでレンチンor混ぜるだけ」と、同時に2品作れるようになっています。忙しい日でもあわてず、毎日パターン化しやすいように考えました。

フライパンで焼いている間に、同時にもう1品。

Time ほぼ **15分!**

Mizuki流 献立の段取り

こんな流れで

主 副

まとめて 切る

2品献立のスタートは、まとめ切り。メインおかずに使う肉も、副菜に使う野菜も、薬味やトッピングも、一気に切るとラクです。野菜→肉or魚の順なら、洗い物が少なくすみます。

作れます。

同時に完成！

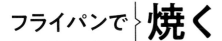

主 🍳

フライパンで 焼く

フライパンを火にかけて、肉や魚を加熱します。炒めたり、煮たり、揚げ焼きにするなど、フライパンひとつでできるレシピを紹介します。20cmと26cmのフライパンがあると便利。

副 📱 🥣

合間に

チン！or 混ぜるだけ

野菜が主役となる副菜は、ボウルに入れてレンチンが基本。フライパンの加熱時間を有効活用して作れる、かんたんなものばかり。生のまま、混ぜるだけレシピもあります。

目次

part 1　Mizukiのお墨つき!! 2品献立ベスト10

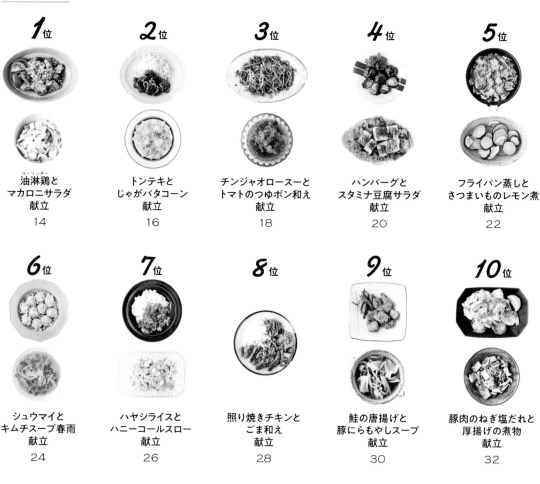

番外編 ひとつで満足！ご飯&麺

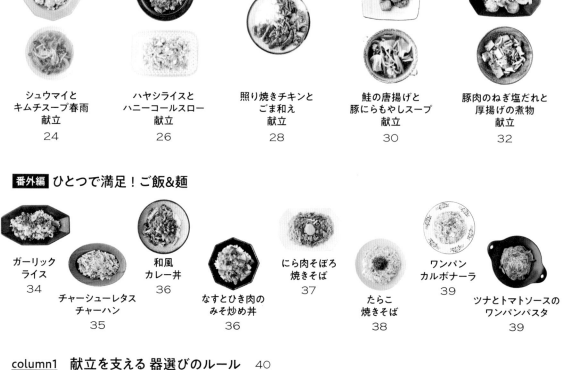

part 2 フライパンひとつ！今夜のメインおかず

魚介

加工品

contents

part3 合間に作れる！ **野菜別かんたん副菜**

contents

作りおき

番外編 具だくさん！おかずスープ

column3 〆にうれしい！ オーブンいらずのおやつ

contents

Mizukiのお墨つき!!

2品献立
ベスト10

私のお気に入りの、メインと副菜の組み合わせを
個人ランキング形式で紹介します。
まずはそのまま作ってもらえたら、2品献立の手軽さを実感できるはず！
食材を切ったら、フライパンを火にかけるだけ。レンジにかけるだけ。
調理法がかぶらず、スムーズに準備できるから、
あっという間に2品が同時にできますよ♪
家族にホメられる人気おかずばかりです。

1位

<ruby>油淋鶏<rt>ユーリンチー</rt></ruby>と
マカロニサラダ

献立

Time
15分
2品で

さっぱりとボリュームを兼ね備えた、
から揚げ風のお手軽ユーリンチー。
面倒なイメージのマカロニサラダは、
レンチンでさっと和えるだけ♪

揚げない! 油淋鶏

| 材料(2人分) |

鶏もも肉…大1枚 (300g)

A| しょうゆ、酒…各大さじ1
 | 塩こしょう…少々

長ねぎ…⅓本

しょうが…⅓かけ

B| 砂糖、しょうゆ、酢…各大さじ1と½
 | ごま油…小さじ1

片栗粉…適量

サラダ油…大さじ4

| 作り方 |

1. ねぎとしょうがはみじん切りにし、Bと合わせてたれを作っておく。鶏肉は3cm大に切ってAをもみ込み、片栗粉をまぶす。

2. フライパンに油を入れて中火で熱し、鶏肉を返しながら7〜8分焼く。油をきって器に盛り、1のたれをかける。

+

マカロニサラダ

| 材料(2人分) |

マカロニ (4分ゆでタイプ)…50g

A| 水…200㎖
 | 塩…少々

きゅうり…½本

ハム…2枚

B| マヨネーズ…大さじ2〜3
 | こしょう…少々
 | 砂糖…ひとつまみ

| 作り方 |

1. きゅうりは薄切り(小口切り)にして、塩(分量外)をもみ込み、水けをきる。ハムは半分に切り、1cm幅に切る。

2. 耐熱ボウルにAを入れ、ラップをしないでレンジ(600W)で5分加熱する。余熱でマカロニがやわらかくなったら、流水で冷やして水けをきり、1とBを和える。

献立の段取り

切るのは、メインと副菜合わせて5つ。
油淋鶏を揚げ焼きにする間に、
マカロニをレンチンして戻します。

切る

焼く

同時に完成!

チン5分

2位 トンテキと じゃがバタコーン

Time 15分 2品で

 主 やみつき♡トンテキ

| 材料(2人分) |

豚ロース厚切り肉 (とんかつ用)…2枚
にんにく…1かけ
塩こしょう…少々
薄力粉…適量
A｜ウスターソース、ケチャップ、酒 …各大さじ1
　｜しょうゆ、砂糖…各小さじ1
サラダ油…大さじ1
キャベツ (付け合わせ用)…⅕玉

| 作り方 |

1. にんにくは薄切りにする。キャベツは千切りにして器に盛りつけておく。豚肉は筋を切り、塩こしょうをふって薄力粉をまぶす。Aは合わせておく。

2. フライパンに油とにんにくを入れて中火で熱し、豚肉を両面焼いて火を通す(にんにくは焼き色がついたら取り出しておく)。

3. 余分な油をふき取り、Aを加えて煮からめて器に盛る。

献立の段取り

全部切り終わったら、
まずは副菜の材料をチンしましょう。
その間に豚を焼けば、あっという間！

主 副

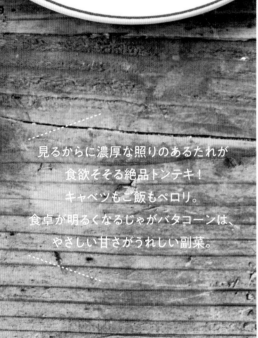

見るからに濃厚な照りのあるたれが
食欲そそる絶品トンテキ！
キャベツもご飯もペロリ。
食卓が明るくなるじゃがバタコーンは、
やさしい甘さがうれしい副菜。

切る

副

チン5分

同時に完成！

焼く

副

じゃがバタコーン

| 材料(2人分) |

じゃがいも…2個（300g）
コーン…大さじ4
バター…10g
粗びき黒こしょう…適量

| 作り方 |

1. じゃがいもは1.5cm角に切る。
2. こしょう以外のすべての材料を耐熱ボウルに入れ、ふんわりラップをしてレンジ（600W）で5分加熱する。黒こしょうをふる。

17

3位
チンジャオロースーと
トマトのつゆポン和え

献立

牛の旨みとシャキシャキピーマンで
もりもりと頬張りたくなる炒めもの！
さっぱり箸休めになるトマト副菜は、
速攻でできちゃいます。

Time
12分
2品で

献立の段取り

まとめ切りをしたら、
副菜を先に完成させて冷蔵庫へ。
メインは一気に炒めます。

(主)(副) 切る

⇓

(主) チンジャオロースー

| **材料**(2人分) |

牛こま切れ肉(または豚こま切れ肉)…**200g**

ピーマン…5個

もやし…½袋

A｜酒、しょうゆ、片栗粉…各小さじ1

B｜しょうゆ、みりん、オイスターソース
　　…各大さじ1

ごま油…大さじ1

| **作り方** |

1. 牛肉にAをもみ込む。ピーマンは5mm幅の
　　細切りにする。Bは合わせておく。

2. フライパンにごま油を入れて中火で熱し、牛
　　肉を炒める。8割ほど色が変わったらピーマ
　　ンも加えて1分炒め、もやしも加えてさっと炒
　　める。Bを加えて煮からめる。

(副) 混ぜる

＋

(副) ツナとトマトの つゆポン和え

| **材料**(2人分) |

トマト…大1個

ツナ…1缶

大葉…1枚

A｜めんつゆ、ポン酢…各小さじ2
　｜ごま油…小さじ1

| **作り方** |

1. トマトは一口大に切る。ツナは油をきる。

2. ボウルに**1**と**A**を入れて和える。器に盛り、
　　ちぎった大葉をのせる。

同時に完成！

焼く (主)

4位
ハンバーグと
スタミナ豆腐サラダ

献立

Time
15分
2品で

小さな卵と濃厚なソースが
たまらないおいしさ♡
メインに手間をかける分、
副菜はさっと作れる
サラダで！

主 うずらハンバーグ

| 材料(2人分) |

合びき肉…250g
A | 玉ねぎ…⅙個
マヨネーズ…大さじ1
パン粉…大さじ3
塩こしょう…少々
うずらの卵(水煮)…6個
B | ケチャップ…大さじ3
ウスターソース、みりん…各大さじ1
サラダ油…小さじ1
パセリ…適量

| 作り方 |

1. 玉ねぎはみじん切りにする。ボウルにAを入れてよく混ぜ、6等分に分け、うずらの卵をひとつずつ包んで丸める。

2. フライパンに油を中火で熱し、1を焼く。こんがりしたら裏返してふたをし、弱めの中火で4分蒸し焼きにする。余分な油を拭き取り、Bを加えて煮からめる。器に盛り、パセリを添える。

+

副 スタミナ豆腐サラダ

| 材料(2人分) |

木綿豆腐…½丁
サニーレタス…3〜4枚
A | 焼き肉のたれ…大さじ1と½
酢…小さじ1
ごま…適量

| 作り方 |

1. サニーレタスはちぎる。豆腐は大きめにちぎる。

2. 1を器に盛り、混ぜ合わせたAをかける。

献立の段取り

ほぼメインに集中する献立です。
ハンバーグを成形して焼く間に、
サラダを準備しましょう。

切る

焼く

副 **チン！不要
混ぜるだけ**

5位

フライパン蒸しと
さつまいものレモン煮

献立

Time
2品で
15分

春雨が旨みをいっぱい吸って
野菜もたっぷり食べられるメインと、
ホクホク甘いさつまいもが合う献立。
フライパン&レンチン任せで、
ながら調理がラク♪

主 豚と春雨の フライパン蒸し

| 材料(2人分) |

豚バラ薄切り肉…150g

白菜…¼個 (300g)

にら…⅓束

乾燥春雨…40g

A｜ オイスターソース、ごま油…各大さじ1
｜ みりん、しょうゆ…各小さじ2
｜ しょうがチューブ…3cm

水…100㎖

ごま…適量

| 作り方 |

1. 白菜はざく切りにする。にらは4cm長さに切る。豚肉は4cm長さに切ってAをもみ込む。

2. フライパンに春雨、白菜、豚肉の順にのせ、水を回しかける。ふたをして中火にかけ、9分蒸し焼きにする。にらを加えて炒め合わせて、ごまをふる。

副 さつまいもの レモン煮

| 材料(2人分) |

さつまいも…200g　レモン汁…小さじ2

水…200㎖　　　　　塩…ひとつまみ

砂糖…大さじ2　　　レモン (スライス)…2枚

| 作り方 |

1. さつまいもは1cm厚さの輪切りにし、3分水にさらして水けをきる。レモンはいちょう切りにする。

2. 耐熱ボウルにレモン以外のすべての材料を入れ、ふんわりラップをし、レンジ (600W) で7分加熱する。

献立の段取り

まずは副菜に取りかかり、
レンチンしている間に
メインも作って同時に完成！

切る

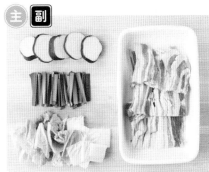

⇩

チン7分

同時に完成！

焼く

蒸し器いらずで、かんたんに作れます。
シュウマイの皮は
上からのせるだけ！
スープは全部混ぜてレンチンの、
ホッと温まる旨辛味。

*6*位

シュウマイと
キムチスープ春雨

献立

Time
2品で
15分

フライパンシュウマイ

| 材料(2人分) |

豚ひき肉…200g

玉ねぎ…⅙個

A | 片栗粉、オイス
ターソース、酒、
ごま油
…各大さじ½
しょうがチューブ
…3cm

シュウマイの皮…10枚

水…80ml

キャベツ…2枚

からしじょうゆ…適量

| 作り方 |

1. 玉ねぎはみじん切り、キャベツは太めの千切りにする。

2. ボウルにひき肉と玉ねぎ、**A**を入れてよく混ぜ、10等分に丸める。

3. フライパンにキャベツをしき、上に**2**を置いてシュウマイの皮をのせる（肉だねにくっつくように押さえるとよいです）。シュウマイの皮にかけるように水を注ぎ、ふたをして中火で10分蒸し焼きにする。器に盛り、からしじょうゆを添える。

＋

 ## キムチスープ春雨

| 材料(2人分) |

もやし…½袋

白菜キムチ…60g

乾燥春雨…15g

A | 水…400ml
鶏がらスープの素
…大さじ½
ごま油…小さじ1

塩こしょう…少々

青ねぎ(小口切り)
…適量

| 作り方 |

1. 耐熱ボウルにキムチ、もやし、春雨、**A**を入れて混ぜる。ふんわりラップをし、レンジ(600W)で7分加熱する。塩こしょうで味をととのえ、青ねぎをかける。

献立の段取り

切るのは玉ねぎとキャベツだけ。
シュウマイを成形したら、
フライパン蒸しとスープを同時に加熱！

切る

焼く

同時に完成！

チン7分

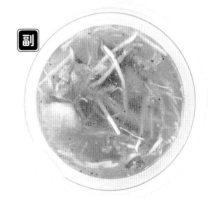

ハヤシライスはルウいらずでお手軽！
マイルドな酸味があとを引きます。
ほんのり甘めがポイントの
コールスローもおかわり必至！

7位
ハヤシライスと
ハニーコールスロー

献立

Time
2品で
15分

ハヤシライス

| 材料(2人分) |

豚こま切れ肉…150g
玉ねぎ…½個
しめじ…½パック

A
├ 水…150㎖
├ ケチャップ…大さじ4
├ 中濃ソース…大さじ3
├ コンソメ…小さじ⅓
└ バター…10g

薄力粉…大さじ1
サラダ油…大さじ1
ご飯、パセリ…各適量

| 作り方 |

1. 玉ねぎは薄切りにする。しめじはほぐす。
2. フライパンに油を入れて中火で熱し、豚肉と玉ねぎを炒める。豚肉の色が変わったら、薄力粉をふり入れ、さらに1分炒める。
3. Aとしめじを加え、混ぜながら2〜3分煮る。器にご飯を添えて盛り、パセリをふる。

＋

ハニーコールスロー

| 材料(2人分) |

キャベツ…⅙個(200g)
にんじん…⅕本
コーン…大さじ3

A
├ マヨネーズ…大さじ2
├ はちみつ…大さじ½
└ こしょう…少々

塩…ふたつまみ

| 作り方 |

1. キャベツは細切りに、にんじんは千切りにする。ボウルに入れ、塩をふって混ぜ、10分ほど置いておく。水けをぎゅっとしぼる。
2. Aとコーンを入れて混ぜる。

献立の段取り

塩もみ野菜をしんなりさせる間に、
ハヤシライスを作ります。
あとは混ぜるだけ、かけるだけ。

切る

混ぜる

 同時に完成！

焼く

照り焼きチキンと
ごま和え

献立

メインも副菜もワンプレートに盛って、
カフェ風ごはんに！
甘辛い照り焼きは、ご飯がすすみます。
ごま和えも、ゆでずにレンチン！

Time
15分
2品で

きのこ照り焼きチキン

| 材料(2人分) |

鶏もも肉
…大1枚(300g)
しめじ…1パック
塩こしょう…少々
薄力粉…適量

A｜しょうゆ、酒、みりん
　｜…各大さじ1と½
　｜砂糖…大さじ½
サラダ油…小さじ2
サニーレタス…適量

| 作り方 |

1. 鶏肉は身の厚い部分を開いて均等にし、塩こしょうをふって薄力粉をまぶす。しめじはほぐす。Aは合わせておく。

2. フライパンに油を入れて中火で熱し、鶏肉を皮目から焼く(フライ返しで押さえながら焼くと、きれいに焼き色がつきますよ!)。焼き色がついたら裏返してふたをし、弱めの中火で3分蒸し焼きにする。

3. ふたを外し、空いたところにしめじを入れてさっと炒め、Aを加えて煮からめる。食べやすい大きさに切り、サニーレタスと器に盛る。

+

小松菜と
にんじんのごま和え

| 材料(2人分) |

小松菜…½束
にんじん…¼本
A｜すりごま…大さじ1と½
　｜しょうゆ、砂糖…各小さじ1

| 作り方 |

1. 小松菜は4cm長さに切る。にんじんは4cm長さの細切りにする。

2. 耐熱ボウルににんじん、小松菜の順にのせ、ふんわりラップをしてレンジ(600W)で3分加熱する。

3. 流水でさっと冷やして水けをきり、Aを加えて和える。

献立の段取り

フライパンにチキンを入れて
焼いている間に、
副菜をレンチンして仕上げます。

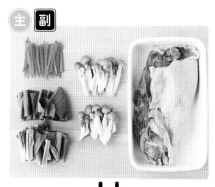

切る

焼く

同時に完成!

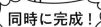

チン3分

9位
鮭の唐揚げと
豚にらもやしスープ
献立

 主 ┌ **鮭の唐揚げ** ┐

| **材料**(2人分) |

生鮭…2切れ
ししとう…6本
A ┃ 酒、しょうゆ…各大さじ1
┃ しょうがチューブ…3cm
┃ みりん…小さじ1
片栗粉、サラダ油…各適量
塩…少々

| **作り方** |

1. 鮭は一口大に切り、Aをもみ込み、片栗粉をまぶす。ししとうは包丁で穴を開けておく。

2. フライパンに1cmの油を入れて170℃に熱し、ししとうを1〜2分揚げ焼きにして取り出す。続けて鮭を入れ、両面色よく揚げ焼きにする。器に盛り、ししとうに塩をふる。

焼き魚になりがちな鮭は、
カリッと揚げれば目先が変わって新鮮!!
副菜としてのスープには、
豚肉を入れてボリュームアップ。
大満足の晩ごはんになります!

Time
13分 2品で

献立の段取り

ボウルにスープの材料を
入れてレンジで加熱。
その間に、鮭を揚げ焼きに!

主 副

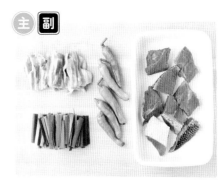

⇓

副

切る

チン**7分**

同時に完成!

主

焼く

副

豚にらもやしスープ

| 材料(2人分) |

豚バラ薄切り肉
　…80g
にら…⅓束
もやし…½袋(100g)

A
水…400㎖
鶏がらスープの素
　…大さじ½
しょうゆ…小さじ1
ごま油…小さじ1

| 作り方 |

1. 豚肉とにらは4cm長さに切る。
2. 耐熱ボウルに**1**、もやし、**A**を入れて混ぜ、ふ
んわりラップしてレンジ(600W)で7分加熱する。
取り出して混ぜ、ごま油を加える。

10位
豚肉のねぎ塩だれと 厚揚げの煮物
献立

さっと焼いた豚肉に
絶品のねぎ塩だれをかけて！
ほっとする煮物もレンチンで時短！
早くて安くておいしい献立です。

Time
2品で
10分

献立の段取り

メインはすぐできてしまうので、
副菜から取りかかります。
煮物をレンチンする間に、肉を焼きます。

切る

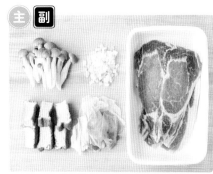

⇩

チン4分

同時に完成！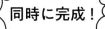

焼く

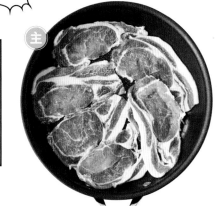

豚肉のねぎ塩だれ

| 材料(2人分) |

豚ロース肉（しょうが焼き用）…6枚

長ねぎ…⅓本

A｜塩…小さじ⅓
　｜ごま油…大さじ2
　｜鶏がらスープの素…ひとつまみ

サラダ油…小さじ1

粗びき黒こしょう…少々

キャベツ、レモン…各適量

| 作り方 |

1. ねぎはみじん切りにし、Aと混ぜておく。
2. フライパンに油を入れて中火で熱し、豚肉を両面こんがり焼く。器に盛り、1のねぎ塩だれをかけ、黒こしょうをふる。ちぎったキャベツとレモンを添える。

＋

しめじと厚揚げの煮物

| 材料(2人分) |

厚揚げ…1枚

しめじ…1パック

A｜めんつゆ（2倍濃縮）…大さじ2
　｜みりん、水…各大さじ1

| 作り方 |

1. 厚揚げはペーパーで油を押さえてから、一口大に切る。しめじはほぐす。
2. 耐熱ボウルに1とAを入れて混ぜ、ふんわりラップし、レンジ（600W）で4分加熱する。

ひとつで満足！ご飯＆麺

忙しすぎる日は、ひとつだけで済ませたい……。そんなときでもすぐできて、
お腹も満たされる幸せの8品！　副菜を作る余裕もあれば、幸せすぎる献立に♡

｜ 材料(2人分) ｜

牛こま切れ肉…150g
にんにく…2かけ

A
塩…小さじ¼
こしょう…少々
しょうゆ…小さじ2
バター…15g

温かいご飯…350g
サラダ油…大さじ1
粗びき黒こしょう…少々

｜ 作り方 ｜

1. にんにくは薄切りにする。フライパンに油とにんにくを入れて中火にかけ、にんにくが色づいたら取り出す。

2. 牛肉を加えて中火で炒め、色が変わったらご飯を加えて炒める。ご飯がほぐれたらAを加えて炒め合わせる。

3. 器に盛り、1のにんにくをのせ、黒こしょうをふる。

ガーリックライス

THEスタミナごはん！
独り占めしたくなるほど、
シンプルにおいしい……。
バターとにんにくが最高!!

シャキシャキレタスが
やみつきのおいしさ!
チャーシューの代わりに、
ハムやウインナーで
作っても♪

チャーシューレタスチャーハン

| 材料(2人分) |

チャーシュー…100g
レタス…100g
卵…2個
塩こしょう…少々
焼き肉のたれ…大さじ2
温かいご飯…350g
ごま油…大さじ1

| 作り方 |

1. レタスは手でざっくりちぎる。チャーシューは食べやすい大きさに切る。

2. ボウルに卵を溶きほぐし、ご飯と焼き肉のたれを加えて混ぜる。

3. フライパンにごま油を中火で熱し、2を入れて炒める。ご飯がパラパラになってきたらチャーシューを加えてさらに炒め、仕上げにレタスも加えてさっと炒める。塩こしょうで味をととのえる。

和風カレー丼

めんつゆのダシが香る
和風のカレー丼。
辛くないので、
お子様も一緒に
食べられます。

材料(2人分)

牛こま切れ肉（または豚こま切れ肉）
　　…150g
玉ねぎ…¼個
しめじ…½袋
油揚げ…½枚
グリーンピース（冷凍・あれば）
　　…10g
A｜水…200㎖
　｜めんつゆ（2倍濃縮）…100㎖
片栗粉…大さじ1
カレー粉…大さじ½
ご飯…2人分
サラダ油…小さじ1

作り方

1. 玉ねぎは1cm幅のくし形切りにする。油揚げは1cm幅に切る。しめじはほぐす。片栗粉は水大さじ1（分量外）で溶いておく。

2. フライパンに油を中火で熱し、玉ねぎと牛肉を炒める。肉の色が変わったらカレー粉を加えさらに1分炒める。油揚げ、しめじ、グリーンピース、Aを加え、混ぜながら3分煮る。水溶き片栗粉を加えてとろみをつけ、ご飯にかける。

なすとひき肉のみそ炒め丼

材料(2人分)

豚ひき肉…100g
なす…2本
A｜みそ、みりん…各大さじ1
　｜しょうゆ、砂糖…各小さじ2
　｜（好みで）豆板醤…小さじ½
　｜水…大さじ3
　｜片栗粉…小さじ1
ごま油…大さじ1と½
ご飯…2人分

作り方

1. なすは2cm角に切り、水に3分さらして水けをきる。Aは合わせておく。

2. フライパンにごま油を中火で熱し、なすを炒める。しんなりしてきたらひき肉を加えてさらに炒める。ひき肉に火が通ったらAを加え、手早く混ぜてとろみをつけてご飯にかける。

トロトロなすに
ピリ辛あんが好相性！
お肉は少しでも、
十分な満足感があります。

にら肉そぼろ焼きそば

混ぜそばの味を
イメージした、
ガッツリ焼きそば！
とろ〜り卵黄をからめて
召しあがれ♪

| 材料(2人分) |

豚ひき肉…150g

にら…½束

A
　しょうゆ、オイスターソース
　　…各大さじ1
　鶏がらスープの素…小さじ¼
　水…大さじ2
　にんにくチューブ…1cm

塩…少々

粗びき黒こしょう…少々

中華麺(焼きそば用)…2玉

ごま油…大さじ1

卵黄…2個分

| 作り方 |

1. 麺は袋に1か所穴を開け、レンジで2分加熱しておく。にらは1cm幅に切る。Aは合わせておく。

2. フライパンにごま油を入れて中火で熱し、ひき肉を炒める。色が変わったら麺と酒大さじ1(分量外)を加えてほぐしながら炒め、温まったらAとにらを加えて炒め合わせる。塩、こしょうで味をととのえ、器に盛って卵黄をのせる。

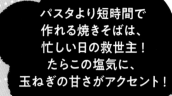

たらこ焼きそば

シナとトマトソースの
ワンパンパスタ

材料(2人分)

たらこ…60g

玉ねぎ…½個

A｜酒、水…各大さじ１
｜鶏がらスープの素…小さじ½

バター…15g

中華麺(焼きそば用)…２玉

サラダ油…大さじ１

大葉…6枚

作り方

1. 麺は袋に１か所穴を開け、レンジで２分加熱
   しておく。玉ねぎは薄切りにする。たらこは薄
   皮を除いて、Aと合わせておく。

2. フライパンにサラダ油を中火で熱し、玉ねぎ
   を炒める。しんなりしたら麺を加えてほぐしな
   がら炒める。油が回ったら1のたらこを加えて
   炒め合わせる。火を止めてバターを加えてか
   らめ、器に盛る。千切りにした大葉をのせる。

ワンパンカルボナーラ

| 材料(2人分) |

厚切りベーコン…60g
玉ねぎ…¼個
にんにく…1かけ
卵…2個

A
水…250㎖
牛乳…200㎖
コンソメ…小さじ2
塩こしょう…少々

パスタ(7分ゆでタイプ)…160g
粉チーズ…大さじ2
オリーブオイル…大さじ1
粗びき黒こしょう…少々

| 作り方 |

1. ベーコンは5mm角の棒状に切る。玉ねぎとにんにくは薄切りにする。卵は溶いておく。
2. フライパンにオリーブオイルを中火で熱し、ベーコン、玉ねぎ、にんにくを炒める。玉ねぎがしんなりしたらAを加える。煮立ったらパスタを半分に折って加えて混ぜ、ふたをして弱めの中火で8分煮る(途中3〜4回混ぜる)。
3. ふたを外し、混ぜながら1分加熱して水分を飛ばす。火を止め、粉チーズを加えて混ぜ、溶き卵も加えて手早く混ぜる。器に盛り、黒こしょうをふる。

別ゆで不要の
ワンパンパスタ!
生クリームなしでも
しっかり濃厚な
味わいです。

| 材料(2人分) |

ツナ…1缶(70g)
玉ねぎ…¼個
しめじ…½パック

A
カットトマト…½缶(200g)
水…400㎖
コンソメ(顆粒)…大さじ½
塩…小さじ⅓

パスタ(7分ゆでタイプ)…160g
塩こしょう…少々
粉チーズ…適量

| 作り方 |

1. ツナは油をきる。玉ねぎは薄切りにする。しめじはほぐす。
2. フライパンにAと1を入れて混ぜ、パスタを半分に折って加える。中火にかけ、混ぜながら加熱し、煮立ったら弱めの中火にして、ふたをして、8分煮る(途中2回混ぜる)。
3. ふたを外し、塩こしょうで味をととのえる。器に盛り、粉チーズをふる。

献立を支える
器選びのルール

ルール 2
迷ったらオーバル！

丸いお皿だけが並ぶだけよりも、時々、楕円のオーバル皿があることで食卓に変化が生まれるのでオススメです！ とくにP48や60のように、メインおかずをたっぷり盛れる大きさだと、ちょっとしたごちそう感が出ます。

ルール 1
お皿はそろえなくていい

家族の人数分、同じ色とデザインをそろえたほうがいいのではと言う声を聞きます。でも大人と子どもでは食べる量も違うので、季節や料理に合わせて、色や柄違いで選ぶようにしています。かんたんにまとまりながら、目にも楽しい食卓になりますよ。

ルール 3
濃い色の器で新鮮に

若いときよりも、黒がいっそう好きになりました。白は万能なのは確かですが、逆にマンネリになるとも言えるかも。一番かんたんに雰囲気を変えられるのは、黒や飴色などの濃い色味の食器。勇気がいるなら、副菜用の小皿や小鉢から挑戦してみては？

ルール 4
やっぱり…
大は小を兼ねる

サイズに迷ったときは、思いきって大きなほうを買うことが多いです。「小さい皿で十分かな……」というときでも、大きいお皿に盛ると余白が生まれ、たちまち華やかな雰囲気に。お店みたいな盛りつけをイメージしてみると、器使いが楽しくなります。

Mizukiのお気に入り！
マルミツポテリ
https://www.marumitsu.jp/
和洋中、どんな料理も受け止めてくれるものがあって、頼りにしています。

フライパンひとつ!

今夜の
メインおかず

献立の主役とも言える、肉や魚のメインおかずが50品!
食材カテゴリーごとに、フライパンだけで作れるものだけを紹介します。
安価でボリューミーな鶏肉をはじめ、火通りが早い、こま切れ肉やひき肉、
満足度の高い魚介、そして冷蔵庫に何もない時に便利な加工品のおかず。
part3の副菜の組み合わせも提案しているので、
何通りもの献立ができます。

| 材料(2人分) |

鶏むね肉…1枚（250g）
玉ねぎ…½個
ピーマン…2個

A
しょうゆ…大さじ1
粒マスタード、はちみつ…各小さじ2
酒…大さじ2

塩こしょう…少々
薄力粉…適量
サラダ油…大さじ1

| 作り方 |

1. 玉ねぎは横8mm幅に切り、ピーマンは一口大の乱切りにする。鶏肉は全体をフォークで刺して、1cm厚さのそぎ切りにし、塩こしょうをふって薄力粉をまぶす。Aは合わせておく。

2. フライパンに油を入れて中火で熱し、鶏肉を焼く。焼き色がついたら裏返し、空いたところに玉ねぎとピーマンを入れてふたをし、弱めの中火で2分30秒蒸し焼きにする。

3. 野菜に塩こしょうを少々ふって、さっと炒めて取り出し、鶏肉にAを加えてから炒める。

point
厚みのある鶏むね肉は、縦半分に切ってから包丁を斜めにしてそぐように切ります。

和風ハニマスチキン

ほんのり甘酸っぱいハニーマスタードだれで、召し上がれ！
しょうゆがベースだから、
白いご飯にもぴったりのおいしさ

Time
10分

副菜
えらんでみました！

+

トマトの塩昆布和え
（P90）

玉ねぎとわかめの
甘酢和え
（P92）

ブロッコリーと卵の
おかかマヨ和え
（P93）

Time
12分

チキンのトマトクリーム煮

トマトの酸味とコクがたまらないフライパン煮込み。
少しの牛乳とチーズでまろやかに仕上がります。ご飯にも合いますよー♪

| **材料**(2人分) |

鶏もも肉…1枚 (250g)
玉ねぎ…¼個
薄力粉…適量
オリーブオイル…大さじ½

A ┌ トマト缶(カット)…½缶(200g)
  │ 水…大さじ2
  └ コンソメ…小さじ1

牛乳…50㎖
塩こしょう…少々
ピザ用チーズ…40g
パセリ(みじん切り)…適量

| **作り方** |

1. 鶏肉は3㎝大に切り、薄力粉をまぶす。玉ねぎは薄切りにする。
2. フライパンにオリーブオイルを中火で熱し、鶏肉を色よく焼く。裏返して1分焼く。玉ねぎとAを加えて混ぜ、ふたをして弱めの中火で3分煮る。
3. 牛乳と塩こしょうを加えて味をととのえ、チーズを加えて溶かす。器に盛ってパセリをかける。

副菜
えらんで
みました！

ツナとキャベツの
レンジ蒸し
(P88)

にんじん
マカロニサラダ
(P89)

パプリカのピクルス
カレー風味
(P98)

time 15分

副菜 えらんで みました！

トマトとアボカドのマリネ (P90)

ブロッコリーと 油揚げの煮浸し (P93)

具だくさん コーンスープ (P105)

ラクラクチキン南蛮風

ほったらかしでできる鶏の甘酢煮に、
炒り卵で作る"なんちゃってタルタル"をかけました！

| **材料**(2人分) |

鶏もも肉…1枚(250g)

A ┃ 酒…50mℓ
┃ しょうゆ…大さじ2と½
┃ 砂糖、酢…各大さじ1

卵…2個

しょうが甘酢漬け…30g

B ┃ マヨネーズ
┃ …大さじ3〜4
┃ 塩こしょう…少々

サラダ油…小さじ1

サニーレタス…適量

| **作り方** |

1. フライパンに油を入れて強火で熱し、溶いた卵を入れ、炒り卵を作って取り出す。鶏肉は身の厚い部分を開いて半分に切る。

2. フライパンにAを入れ、鶏肉の皮を下にして入れる。中火にかけ、煮立ったら落としぶたをのせ、弱めの中火で10分煮る。煮ている間にしょうがの甘酢漬けを細かく刻んで炒り卵を合わせ、Bを混ぜてタルタルソースを作る。

3. 鶏肉を食べやすい大きさに切り、タルタルソースをかける。器に盛り、サニーレタスを飾る。

······· *point* ·······

ピクルスの代わりに、しょうがの甘酢漬けを使うとご飯に合うおかずに！

鶏肉とかぼちゃの
チーズ焼き

フライパンで蒸し焼きにする、ごちそうの一皿！
ほっくり甘いかぼちゃに、チーズがトロッとやみつきです。

副菜
えらんで
みました！

+

エリンギとベーコンの
コンソメバター
（P95）

パプリカのピクルス
カレー風味
（P98）

トマトときのこの
ふわたまスープ
（P102）

| 材料(2人分) |

鶏もも肉…1枚(250g)
かぼちゃ(種とわたを除く)
　　…⅛個(150g)
いんげん…50g
塩…小さじ⅓
ピザ用チーズ…60g
粗びき黒こしょう…適量
白ワイン(または酒)…大さじ1
オリーブオイル…大さじ1

| 作り方 |

1. 鶏肉は3cm大に切る。かぼちゃは長さ
を半分に切り、8mm厚さの薄切りにする。
いんげんは長さを半分にする。

2. フライパンにオリーブオイルを中火で熱
し、鶏肉とかぼちゃを並べて焼く。焼き
色がついたら裏返し、いんげんと白ワイ
ンを加えてふたをし、弱火の中火で3分
蒸し焼きにする。

3. 塩をふって炒め合わせ、チーズをのせ
て再びふたをし、火を止めて余熱でチ
ーズを溶かす。粗びき黒こしょうをふる。

Time
12分

Time
10分

鶏肉のうま塩竜田焼き

豪快に揚げ焼きする和風フライドチキン。
下味がしっかりついているから、
鶏むねでも満足度の高いレシピです!

副菜
えらんで
みました!

トマトと
アボカドのマリネ
(P90)

長いもと水菜の
じゃこサラダ
(P99)

じゃがいもの
カレーマヨ和え
(P99)

| 材料 (2人分) |

鶏むね肉…大1枚 (300g)

A
鶏がらスープの素
…大さじ½
ごま油…小さじ1
塩こしょう…少々

片栗粉…適量

サラダ油…大さじ3

粗びき黒こしょう…少々

レモン…適量

| 作り方 |

1. 鶏肉は身の厚い部分を開き、全体をフォークで刺してAをもみ込み、片栗粉をしっかりまぶす。

2. フライパンに油を中火で熱し、鶏肉を皮目から焼く。こんがりしたら裏返し、2〜3分焼いて火を通す。食べやすい大きさに切って器に盛り、こしょうをかけて、レモンをしぼる。

------ *point* ------

片栗粉はたっぷりつけると
食感よく仕上がります!

| 材料(2人分) |

鶏もも肉…大1枚（300g）

レンコン…1節（200g）

A
| しょうゆ、酒…各大さじ1と½
| ごま油…小さじ1
| しょうがチューブ…3㎝

塩、片栗粉、サラダ油…各適量

副菜
えらんで
みました！
＋
キャベツと
かにかまのマヨ和え
（P88）

| 作り方 |

1. 鶏肉は3㎝大に切り、Aをもみ込む。レンコンは5㎜厚さの輪切りにし、水に3分さらして水けをきる。
2. フライパンに1㎝の油を入れて170℃に熱し、レンコンをきつね色になるまで揚げ焼きにして油をきる。
3. 鶏肉に片栗粉をまぶして入れ、両面色よく揚げ焼きにし、油をきる。鶏肉とレンコンを盛り、塩少々をふる。

Time **15分**

鶏から&素揚げレンコン

しょうゆ味の定番唐揚げ。野菜も一緒に揚げると、
ボリュームアップになります。

鶏むね肉の薬味だれ

甘酸っぱいたれが食欲そそる、
鶏むねおかず！
たっぷりの薬味で香りよく召し上がれ。

| 材料(2人分) |

鶏むね肉…大1枚（300g）

塩こしょう…少々

片栗粉…適量

ごま油…大さじ1

A
| 酢、しょうゆ…各大さじ1と½
| 砂糖、いりごま…各大さじ1

みょうが…1個

大葉…5枚

貝割れ菜…½パック

副菜
えらんで
みました！
＋
豆腐ときのこの
和風あんかけ
（P95）

| 作り方 |

1. みょうがは小口切り、大葉は千切り、貝割れ菜は半分に切る。鶏肉は全体をフォークで刺し、1㎝厚さのそぎ切りにし、塩こしょうをふって片栗粉をまぶす。Aは合わせておく。
2. フライパンにごま油を中火で熱し、鶏肉を焼く。焼き色がついたら裏返し、ふたをして弱めの中火で3分蒸し焼きにする。器に盛って薬味を混ぜてのせ、Aをかける。

Time **10分**

+

玉ねぎと
厚揚げの煮物
(P92)

副菜
えらんで
みました！

じゃことピーマンの
甘辛和え
(P98)

切り干し大根の
煮物
(P101)

point

肉に薄力粉をつけてから卵
にくぐらせることでよくからみ
ます。

Time
10分

鶏むね肉のピカタ
甘酢ソース

卵の衣で、鶏むねがふんわりと仕上がります。

| 材料(2人分) |

鶏むね肉…1枚 (250g)
塩こしょう…少々
薄力粉…大さじ3
卵…1個
サラダ油…大さじ3

A
砂糖、しょうゆ、酢
…各大さじ2
水…大さじ3
片栗粉…小さじ2/3

貝割れ菜…適量

| 作り方 |

1. 鶏むね肉は全体をフォークで刺して1cm
厚さのそぎ切りにし、塩こしょうをふって
薄力粉をまぶす。卵は溶きほぐす。

2. フライパンに油を中火で熱し、鶏肉を卵
にくぐらせて入れて焼く。焼き色がつい
たら裏返し、ふたをして弱火で3分蒸し
焼きにして器に盛る。

3. フライパンに残った油をふき取り、**A**を
入れてよく混ぜてから中火にかけ、混ぜ
ながらとろみをつけて**2**にかける。貝割れ
菜を添える。

鶏むね肉とパプリカの
オイスター酢

一緒に炒めて、たれをからめるだけ！
色鮮やかな一皿です。

| 材料(2人分) |

鶏むね肉…1枚 (250g)
塩こしょう…少々
片栗粉…適量
パプリカ (赤・黄)…各½個
ピーマン…1個
ごま油…大さじ1
A｜みりん、オイスターソース…各大さじ1
　｜酢…小さじ2
　｜砂糖、しょうゆ…各小さじ1

+
なすの
中華風マリネ
(P97)

副菜
えらんで
みました！

Time
10分

| 作り方 |

1. 鶏肉は全体をフォークで刺して2cm大に切り、塩こしょうをふって片栗粉をまぶす。**A**は合わせておく。ピーマンとパプリカは2cm角に切る。

2. フライパンにごま油を入れて中火で熱し、鶏肉を両面2分ずつ色よく焼く。ピーマンとパプリカを加えてさらに2分炒め合わせ、**A**を加えて煮からめる。

手羽の
スイートチリソース

特別な調味料がなくても、
エスニックな気分を味わえます。
一口サイズに切った鶏ももで作ってもおいしい♪

| 材料(2人分) |

手羽中…12本
にんにく…½かけ
赤唐辛子 (輪切り)…1本分
A｜水、酢、砂糖…各大さじ1
　｜塩…少々
塩こしょう…少々
サラダ油…大さじ½
香菜…適量

| 作り方 |

1. 手羽中は骨に沿って包丁で一本切り込みを入れ、塩こしょうをしっかりめにまぶす。にんにくはみじん切りにし、赤唐辛子と**A**を合わせておく (チリソース)。

2. フライパンに油を中火で熱し、手羽中を焼く。こんがりしたら裏返してふたをし、弱めの中火で3分蒸し焼きにする。

3. 余分な油をふき取り、**1**のチリソースを加えて煮からめる。器に盛り、香菜を添える。

副菜
えらんで
みました！

+
春雨サラダ
(P100)

Time
10分

副菜
えらんで
みました！

＋

トマトと
アボカドのマリネ
（P90）

パプリカのピクルス
カレー風味
（P98）

トマトときのこの
ふわたまスープ
（P102）

フライパングラタン

ホワイトソース＆オーブンいらず！
小さめのフライパンで完結するグラタンレシピ。

材料(2人分)

鶏もも肉…大½枚 (150g)
玉ねぎ…½個
ブロッコリー…⅓株（70g）
バター…10g
マカロニ（4分ゆでタイプ）…50g
A | 水…200mℓ
　 | コンソメ（顆粒）…小さじ½

B | 牛乳…200mℓ
　 | ケチャップ…大さじ2
　 | 塩こしょう…少々
片栗粉…大さじ1
ピザ用チーズ…60g
パセリ（みじん切り）…適量

作り方

1. 鶏肉は2cm大に切る。玉ねぎは薄切りにする。ブロッコリーは小房に分ける。片栗粉は水大さじ2（分量外）で溶いておく。

2. フライパンにバターを熱し、鶏肉と玉ねぎを炒める。鶏肉の色が変わったらAとマカロニ、ブロッコリーを加え、混ぜながら3分煮る。Bを加えて味をととのえ、再び煮立ったら水溶き片栗粉を加えてとろみをつける。

3. チーズをちらしてふたをし、チーズが溶けるまで弱火で蒸し煮にし、パセリをふる。

Time
12分

副菜
えらんで
みました！

+

うまだれキャベツ
(P88)

もやしの塩昆布和え
(P96)

なすの
おかかポン酢
(P97)

フライパン焼き鳥

おうちにいながら、お店みたいな気分が味わえる！

| 材料(2人分) |

鶏もも肉…1枚
長ねぎ…1本
塩こしょう…少々
A | しょうゆ…大さじ1と½
　　砂糖、みりん…各大さじ1
　　にんにくチューブ…2cm
サラダ油…大さじ1
一味唐辛子…適量

| 作り方 |

1. 鶏肉は3cm大に切り、塩こしょうを
   ふる。ねぎは3cm長さに切る。竹串
   に鶏肉とねぎを交互に刺す。Aは合
   わせておく。

2. フライパンに油を中火で熱し、1を
   焼く。焼き色がついたら裏返してふ
   たをし、弱めの中火で3分蒸し焼き
   にする。

3. 鶏肉に火が通ったら余分な油をふ
   き取り、Aを加えて煮からめる。器
   に盛り、一味唐辛子をふる。

point

26cmのフライパンにちょう
どおさまります。

豚肉

副菜
えらんで
みました！

にんじん
マカロニサラダ
（P89）

トマトの
塩昆布和え
（P90）

エリンギとベーコンの
コンソメバター
（P95）

アスパラのペペロン肉巻き

食欲そそるにんにくの香りがたまらない！
しっかり味で、ご飯がすすみます。

| 材料(2人分) |

豚バラ薄切り肉…6枚
アスパラ…6本
にんにく…1かけ
オリーブオイル…小さじ2

A ┃ 酒、しょうゆ…各小さじ2
　 ┃ コンソメ…小さじ⅓
　 ┃ 塩こしょう…少々

赤唐辛子(小口切り)…½本分

| 作り方 |

1. にんにくは薄切りにする。アスパラは根元を落とし、ピーラーで下4cm分の皮をむき、豚肉を1枚ずつ巻きつける。

2. フライパンにオリーブオイル、赤唐辛子、にんにくを入れて中火にかけ、香りが立ったら1を入れる。転がしながら焼き、全体に焼き色がついたらふたをして弱火で5分蒸し焼きにする(にんにくが焦げそうなら途中で取り出す)。

3. 余分な油をふき取り、Aを加えて煮からめる。

Time
12分

Time
12分

豚肉とアスパラの
卵炒め

アスパラのシャキシャキ感がアクセントになる炒めもの。

| 材料(2人分) |

豚バラ薄切り肉…150g
アスパラガス…3本
卵…3個
A｜オイスターソース、酒
　｜…各大さじ1
　｜しょうゆ…小さじ1
塩こしょう…少々
サラダ油…大さじ1

| 作り方 |

1. 卵は溶きほぐし、塩こしょうを加えて混ぜる。豚肉は4㎝長さに切る。アスパラは根元を落とし、ピーラーで下4㎝分の皮をむき、斜め薄切りにする。Aは合わせておく。

2. フライパンに油を強火で熱し、溶き卵を流し入れて大きく混ぜ、半熟になったら取り出しておく。

3. そのままフライパンを中火で熱し、豚肉とアスパラを炒める。アスパラがやわらかくなったらAを加えて煮からめ、仕上げに2を加えてざっくり混ぜる。

副菜
えらんで
みました！

＋

にんじんとツナの甘辛
(P89)

きのこのしょうが
じょうゆ和え
(P95)

長いもと水菜の
じゃこサラダ
(P99)

豚肉と厚揚げの カレーチーズ焼き

厚揚げが入って、
ボリュームたっぷりのおかず。

| 材料(2人分) |

豚こま切れ肉…150g

厚揚げ…1枚 (200g)

A | しょうゆ、酒…各大さじ1と½
砂糖…大さじ1
カレー粉…小さじ1

塩こしょう…少々

サラダ油…小さじ2

ピザ用チーズ…50g

貝割れ菜…適量

| 作り方 |

1. 厚揚げは縦半分に切り、横1cm幅に切る。Aは合わせておく。

2. フライパンに油を入れて中火で熱し、豚肉を炒める。色が変わったら厚揚げも加えてさらに炒めて塩こしょうをふる。

3. 厚揚げが温まったらAを加えてさっとからめ、ピザ用チーズをのせてふたをし、火を止めて余熱で溶かす。器に盛り、貝割れ菜を添える。

Time
10分

副菜
えらんで
みました!

+

うまだれキャベツ
(P88)

にんじん
マカロニサラダ
(P89)

小松菜とまいたけの
からしポン酢和え
(P91)

Time
10分

ポークビーンズ

トマト缶の水分だけ煮込む、濃厚なおいしさ！
パスタにかけてもおいしいです。

| 材料 |(2人分)|

豚こま切れ肉…150g
玉ねぎ…½個
にんにく…1かけ
大豆（ドライパック）…1缶（110g）

A | カットトマト…½缶（200g）
白ワイン（または酒）…大さじ2
コンソメ（顆粒）…小さじ1
ケチャップ…大さじ1

塩…小さじ⅓
オリーブオイル…小さじ2
粉チーズ、パセリ（みじん切り）…各適量

| 作り方 |

1. 豚肉は大きければ食べやすい大きさに切り、塩をふる。玉ねぎは1cm角に切る。にんにくは薄切りにする。

2. フライパンにオリーブオイルを中火で熱し、1を炒める。肉の色が変わったら大豆とAを加え、混ぜながら5分煮る。器に盛り、粉チーズとパセリをふる。

副菜
えらんで
みました！

+

小松菜とベーコンの
バターソテー
（P91）

アスパラチーズ
（P94）

じゃがいもの
カレーマヨ和え
（P99）

Time
8分

豚肉のソース炒め

洋食屋さんのまかないがイメージ。
豚こまと玉ねぎ……いつもの食材が新鮮な味わいに！

| 材料(2人分) |

豚こま切れ肉…180g
玉ねぎ…½個
A 中濃ソース…大さじ2
しょうゆ…大さじ½
みりん…大さじ1
しょうがチューブ…3cm
サラダ油…大さじ½
千切りキャベツ…適量

| 作り方 |

1. 玉ねぎは横1cm幅に切る。Aは合わせておく。

2. フライパンにサラダ油を中火で熱し、玉ねぎを炒める。しんなりしてきたら端に寄せ、空いたところで豚肉を炒める。火が通ったらAを加えて煮からめ、器に盛って千切りキャベツを添える。

副菜
えらんで
みました！

+

ブロッコリーと
油揚げの煮浸し
（P93）

エリンギとベーコンの
コンソメバター
（P95）

もやしと小松菜の
ナムル
（P96）

豚肉とじゃがいもの
マヨしょうゆ炒め

マヨネーズのコクがまとめ役に。
じゃがいもは細く切ると、食感がよくなります。

| 材料(2人分) |

豚こま切れ肉…150g

じゃがいも…大1個（200g）

青ねぎ…4本

A | 酒…大さじ½
　 | 塩こしょう…少々

B | しょうゆ…大さじ1と½
　 | マヨネーズ…大さじ1

ごま油…大さじ1

副菜
えらんで
みました！

なすの煮浸し
(P101)

| 作り方 |

1. 豚肉に**A**をもみ込む。じゃがいもはマッチ棒状の細切りにする。青ねぎは4cm長さに切る。

2. フライパンにごま油を中火で熱し、豚肉を炒める。8割ほど火が通ったらじゃがいもを加え、さらに2〜3分炒める。ねぎと**B**を加えて煮からめる。

Time
10分

副菜
えらんで
みました！

いんげんの
マヨしょうゆ和え
(P94)

カリカリ豚の
トマトだれ

こんがりと焼いた豚肉に、
トマトのさっぱりだれがマッチ！
サラダ感覚でたっぷり食べられます。

| 材料(2人分) |

豚こま切れ肉…200g

塩こしょう…少々

片栗粉…適量

トマト…1個

A | ポン酢…大さじ2
　 | ごま油…小さじ1

サラダ油…大さじ3

サニーレタス…適量

| 作り方 |

1. 豚肉はなるべく広げ、塩こしょうをふって片栗粉をまぶす。トマトは1.5cm角に切り、**A**と合わせてたれを作る。

2. フライパンに油を中火で熱し、豚肉の両面をこんがり、カリカリになるまで焼く。油をきって器に盛り、サニーレタスを添えて**1**のたれをかける。

Time
10分

豚こまと白菜の和風あんかけ

めんつゆで味つけかんたん！
ご飯にかけても
おいしいですよ♪

| 材料(2人分) |

豚こま切れ肉…180g
白菜…⅙個 (250g)
にんじん…¼本
A
水…200㎖
めんつゆ (2倍濃縮) …大さじ4
片栗粉…大さじ1
しょうがチューブ…3㎝
塩こしょう…少々
ごま油…小さじ2

| 作り方 |

1. 白菜の芯は1㎝幅に切り、葉はざく切りにする。にんじんは3㎜厚さの短冊切りにする。Aは合わせておく。
2. フライパンにごま油を入れて中火で熱し、豚肉とにんじんを炒めて塩こしょうをふる。豚肉の色が変わったら白菜を加えてふたをし、弱めの中火で4分蒸し焼きにする。
3. 炒め合わせ、白菜がしんなりしたらAをもう一度混ぜてから加え、混ぜながらとろみをつける。

Time
10分

副菜
えらんで
みました！

＋

にんじんと
ツナの甘辛
(P89)

ブロッコリーと卵の
おかかマヨ和え
(P93)

きのこのしょうが
じょうゆ和え
(P95)

Time
12分

+

うまだれキャベツ
(P88)

副菜
えらんで
みました！

トマトの塩昆布和え
(P90)

ささみとキャベツの
春雨スープ
(P105)

------- *point* -------

豚こまは何枚かを一緒に丸
めると、かたまり感のボリュ
ームが出ます。ミートボールく
らいの大きさに。

豚こま酢豚

丸めた豚こまは、かたまり肉のように食べごたえがあり、
かたまり肉よりもやわらかい！

| **材料**(2人分) |

豚こま切れ肉…180g
玉ねぎ…½個
ピーマン…2個
赤パプリカ…½個
塩こしょう…少々
片栗粉…大さじ1

A|
水、酢…各大さじ2
砂糖…大さじ1と½
しょうゆ、ケチャップ…各大さじ1
片栗粉…小さじ1
ごま油…大さじ1

| **作り方** |

1. 豚肉に塩こしょうし、一口大（2㎝）にギュッとにぎって片栗粉を
  まぶす。玉ねぎは横半分に切り、縦2㎝幅に切る。ピーマンと
  パプリカは一口大の乱切りにする。Aは合わせておく。

2. フライパンにごま油を中火で熱し、豚肉を転がしながら3分焼
  き、全体に焼き色をつける。1の野菜を加えて3分ほど炒め、
  Aをもう一度混ぜてから加え、とろみをつける。

副菜
えらんで
みました！

きのこのしょうが
じょうゆ和え
（P95）

なすの
中華風マリネ
（P97）

じゃことピーマンの
甘辛和え
（P98）

Time
8分

豚肉と長いものオイマヨ炒め

シャキッ、ホクッと絶妙な食感を残した長いもがポイント♪
コクのある調味料が豚肉にもからんで絶品です。

| 材料(2人分) |

豚こま肉…180g
長いも…10cm（250g）

A | 塩こしょう…少々
  | 片栗粉…小さじ2

B | オイスターソース、
  | マヨネーズ、酒…各大さじ1

サラダ油…小さじ2
粗びき黒こしょう…適量

| 作り方 |

1. 豚肉にAをもみ込む。長いもは1cm
   厚さの半月切りにする。

2. フライパンに油を入れて中火で熱
   し、豚肉を炒める。8割ほど火が
   通ったら長いもも加えてさらに2
   分炒める。Bを加えて煮からめる。
   器に盛り、こしょうをふる。

豚肉と豆苗のうま塩煮

あっさりコクのあるスープでさっと煮るだけ！
仕上げに黒こしょうをかけてもおいしいですよ♪

| 材料(2人分) |

豚バラ薄切り肉…160g
豆苗…1袋
しめじ…½パック

A
水…300㎖
鶏がらスープの素
　…小さじ2
みりん…大さじ2
塩…ふたつまみ
にんにくチューブ…2㎝

| 作り方 |

1. 豚肉は4㎝長さに切る。豆苗は半分の長さに切る。しめじはほぐす。

2. フライパンにAを入れて中火にかける。煮立ったら豚肉を加えてほぐし（アクが出たら除く）、火が通ったらしめじと豆苗も加えてかるく混ぜながら2分煮る。

Time
8分

副菜
えらんで
みました！

+

玉ねぎとわかめの
甘酢和え
(P92)

レンコンとツナの
和風和え
(P100)

なすの煮浸し
(P101)

Time
15分

しらたきのチャプチェ風

副菜 えらんでみました！

しらたきでヘルシーにボリュームアップ！
にらやしいたけの旨みと香りが、食欲そそる一品。

| 材料(2人分) |

豚バラ薄切り肉…100g
しらたき…1袋 (200g)
にんじん…¼本
にら…⅓束
しいたけ…3枚

A
砂糖、酒、しょうゆ
　…各大さじ1と½
オイスターソース…小さじ1
にんにくチューブ…2cm

ごま油…大さじ½
白ごま…適量

| 作り方 |

1. しらたきは食べやすい長さに切り、フライパンで下ゆでし、ざるに上げて水けをきる。にんじんは3mm厚さの短冊切り、にらは3cm長さ、しいたけは薄切りにする。豚肉は3cm長さに切って、Aをもみ込む。

2. フライパンにごま油を中火で熱し、にんじんとしらたきを炒める。水分が飛んだら、豚肉としいたけを加えて炒め、豚肉に火が通ったらにらも加えてさっと炒めて火を止める。器に盛り、ごまをふる。

トマトと
アボカドのマリネ
(P90)

もやしの
塩昆布和え
(P96)

なすの
中華風マリネ
(P97)

おうちサムギョプサル

おうちで楽しむのにぴったりな、
お手軽サムギョプサル！

| **材料**(2人分) |

豚バラ肉(焼肉用)…200g
白菜キムチ…80g
サニーレタス…適量
大葉…適量
塩こしょう…少々
ごま油…小さじ1

副菜
えらんで
みました！

もやしと小松菜の
ナムル
(P96)

| **作り方** |

1. 豚肉に塩こしょうをふる。
2. フライパンにごま油を中火で熱し、**1**をこんがり
   焼いて取り出す。そのままのフライパンでキム
   チもさっと炒める。
3. 器に盛りつけ、サニーレタスと大葉を添え、巻
   いて食べる。

Time
10分

副菜
えらんで
みました！

玉ねぎとわかめの
甘酢和え
(P92)

Time
12分

韓国風肉豆腐

フライパンのまま煮込んで完成する、
チゲ風スープおかず。一口すすれば、
キムチのおいしさが広がります。

| **材料**(2人分) |

豚バラ薄切り肉 …120g	水…150㎖
白菜キムチ…100g	A 鶏がらスープの素、 砂糖…各小さじ1
にら…½束	みそ…小さじ2
しいたけ…3枚	卵…1個
焼き豆腐…1丁(300g)	ごま油…小さじ1

| **作り方** |

1. 豚肉は長さを3等分に切る。豆腐は6等分に切
   る。にらは5㎝長さに切る。しいたけは薄切り
   にする。
2. フライパンに**A**とキムチを入れて中火にかける。
   煮立ったら豚肉を加えてほぐし、火が通ったら
   豆腐としいたけも加え、煮汁をかけながら3分
   煮る。
3. にらと卵を割り入れ、ごま油を回しかけてさら
   に2〜3分煮る。

副菜
えらんで
みました！

＋

うまだれキャベツ
(P88)

にんじんと
ツナの甘辛
(P89)

もやしの
塩昆布和え
(P96)

Time
15分

鶏しそ棒餃子

餃子にしそを入れるとさわやかで新鮮！
鶏ひき肉を使った、あっさり食べやすいレシピです。

| 材料 |(約15個分)

鶏ひき肉…150g
キャベツ…2枚（100g）
大葉…10枚
A しょうゆ、ごま油
　…各小さじ1
鶏がらスープの素
　…小さじ1/4
にんにくチューブ…2cm
餃子の皮…14〜16枚
ごま油…大さじ1
ポン酢、ラー油…各適量

| 作り方 |

1. キャベツはみじん切り、大葉は粗みじん切りにする。ボウルにひき肉、キャベツ、大葉、Aを入れて混ぜる。

2. 餃子の皮の中央に1を細長くのせ、両端が1cmほど重なるように折りたたむ。

3. フライパンにごま油を入れ、閉じ口を上にして2を並べてから中火にかける。焼き色がついたら、水50mℓ（分量外）を加えてふたをし、弱めの中火で3分蒸し焼きにする。ふたを外し、残った水分を飛ばす。ポン酢、ラー油を添える。

point

ひだを作る必要がないから、時間がないときでも気軽に餃子ができます。

餃子春巻き

餃子のたねを春巻きの皮で巻きました！
食べごたえがあって、うれしいおかず。

| 材料(2人分) |

豚ひき肉…120g
にら…½束
もやし…½袋 (100g)

A │ しょうゆ、ごま油…各小さじ1
　│ 鶏がらスープの素、片栗粉…各小さじ½
　│ にんにくチューブ…3㎝

春巻きの皮…6枚
薄力粉…小さじ1
サラダ油、レタス…各適量

| 作り方 |

1. にらともやしは粗みじん切りにする。ボウルにひき
肉、にら、もやし、Aを入れてよく混ぜる。薄力
粉は水小さじ1(分量外)を混ぜてのりを作っておく。

2. 春巻きの皮をひし形に置き、手前に**1**を⅙量ずつ
のせて包み、巻き終わりにのりをぬってとめる。

3. フライパンに1㎝の油を中火で熱し、**2**を両面色
よく揚げ焼きにする。器にレタスをしいて盛る。

副菜
えらんで
みました！

＋
トマトときのこの
ふわたまスープ
(P102)

Time
10分

油揚げメンチ

裏返した油揚げを揚げると、
ザクザクに仕上がりますよ！

| 材料(2人分) |

合びき肉…150g
キャベツ…2枚 (100g)
油揚げ…2枚

A │ 塩こしょう…少々
　│ しょうゆ…大さじ½

B │ ケチャップ、ソース
　│ 　…各大さじ2

油…適量

| 作り方 |

1. キャベツはみじん切りにする。ボウルにひき肉、
キャベツ、Aを入れてよく混ぜる。

2. 油揚げは半分の長さに切り、袋状に開いて裏
返す。**1**を¼ずつ詰め、袋の口を爪楊枝で縫う
ようにとめる。

3. フライパンに2㎝の油を入れて中火で熱し、途
中返しながら6〜7分揚げ焼きにする。油をきっ
て器に盛り、Bを混ぜてかける。

副菜
えらんで
みました！

＋
キャベツと
かにかまのマヨ和え
(P88)

Time
15分

豆腐つくねの
照り焼きおろし

豆腐でかさまし&ヘルシーに！
大根おろしをのせると、さっぱりいただけます。

| 材料(2人分) |

鶏ひき肉…200g

A
木綿豆腐…100g
芽ひじき(乾燥)、片栗粉
　…各小さじ2
しょうゆ…小さじ1
しょうがチューブ…3cm

B
しょうゆ、みりん…各大さじ1と½
砂糖…大さじ½
片栗粉…小さじ⅕
ごま油…小さじ2
大根おろし…5cm分
青ねぎ(斜め切り)…適量

| 作り方 |

1. ボウルにAを入れてよく混ぜ、6等分の小判形にする。
2. フライパンにごま油を中火で熱し、1を入れて焼く。焼き色がついたら裏返し、ふたをして弱めの中火で3分蒸し焼きにする。Bを加えて煮からめる。器に盛り、大根おろしと青ねぎをのせる。

副菜
えらんで
みました！

+

玉ねぎと
厚揚げの煮物
(P92)

ブロッコリーと
卵のおかかマヨ和え
(P93)

なすの煮浸し
(P101)

鶏つくねと
小松菜の和風煮

みそのコクをプラスした、しっかり味のつくねがポイント。
だしのほっとするおいしさが広がります。

| 材料(2人分) |

鶏ひき肉…200g

小松菜…1束

A
卵…1個
パン粉…大さじ3
みそ…小さじ2

水…400㎖
和風だし(顆粒)…小さじ½
B
しょうゆ…大さじ1
みりん…大さじ2
塩…少々

| 作り方 |

1. ひき肉とAを混ぜる。小松菜は4㎝長さに切る。

2. フライパンにBを入れて中火にかける。煮立ったら1をスプーンですくって落とし入れ、再び煮立ったらアクを除く。

3. ふたを少しずらしてのせ、5分煮る。小松菜を加え、しんなりするまでかるく混ぜながら煮る。

副菜
えらんで
みました！

+

トマトの
塩昆布和え
(P90)

ささみとトマト、
きゅうりの香味和え
(P90)

切り干し大根の
煮物
(P101)

Time
10分

ひき肉と厚揚げの
おかか炒め

かつお節が全体にからんで、旨みがアップ！
野菜もちゃんと摂れる炒めものです。

| 材料(2人分) |

豚ひき肉…100g
厚揚げ…1枚 (250g)
ほうれん草…½束
にんじん…¼本
塩こしょう…少々
A｜しょうゆ…小さじ2
　｜しょうがチューブ…3cm
かつお節…小1袋 (3g)
ごま油…小さじ1

| 作り方 |

1. 厚揚げは縦半分に切って、横1cm厚さ
   に切る。ほうれん草は5cm長さに切る。
   にんじんは3mm厚さの短冊切りにする。

2. フライパンにごま油を中火で熱し、ひき
   肉とにんじんを炒める。にんじんがしん
   なりしてきたら、厚揚げとほうれん草を
   加え、塩こしょうをふってさらに炒める。
   厚揚げが温まったらAを加え、かつお節
   も加えてさっと炒め合わせる。

副菜
えらんで
みました！

+

いんげんの
マヨしょうゆ和え
(P94)

なすのおかかポン酢
(P97)

牛肉と
わかめのスープ
(P103)

Time
10分

Time
8分

ひき肉と厚揚げの ピリ辛みそ炒め

濃厚なみそと辛味ある豆板醤で、本格的な味わいに。
ピーマンの食感がアクセント！

| 材料(2人分) |

豚ひき肉…150g
厚揚げ…1枚 (250g)
ピーマン…2個

A
みそ…大さじ1と½
みりん…大さじ1
砂糖…小さじ2
しょうゆ…小さじ½
しょうがチューブ…3cm

豆板醤…小さじ½
ごま油…大さじ½

| 作り方 |

1. 厚揚げは縦半分に切り、横1cm厚さに切る。ピーマンは3cm大の乱切りにする。Aは合わせておく。

2. フライパンにごま油と豆板醤を入れ、中火にかけてひき肉を炒める。厚揚げとピーマンを加え、さらに炒めてピーマンがしんなりしたら、Aを加えて手早くからめる。

副菜
えらんで
みました！

＋

うまだれキャベツ
(P88)

もやしの
塩昆布和え
(P96)

じゃがいもの
カレーマヨ和え
(P99)

Time
12分

ちんげん菜の ひき肉あんかけ

シャキシャキ食感のちんげん菜がおいしい！
お肉は少しでも、大満足の節約おかずです。

| 材料(2人分) |

豚ひき肉…150g
ちんげん菜…2株
にんにく…1かけ

A 水…150㎖
しょうゆ、酒…各大さじ1
砂糖、オイスターソース
　…各小さじ1
片栗粉…小さじ2

豆板醤…小さじ½
ごま油…大さじ½

| 作り方 |

1. ちんげん菜は半分の長さに切って汚れた根元を削り、縦6等分に切る。にんにくはみじん切りにする。Aは合わせておく。

2. フライパンにごま油を中火で熱し、ちんげん菜を炒める。油が回ったら酒大さじ1（分量外）を加えてふたをし、弱火で3〜4分蒸し焼きにして取り出す。

3. フライパンに残った水分を捨て、ひき肉、にんにく、豆板醤を入れて中火で炒め、ひき肉に火が通ったらAを加え、混ぜながらとろみをつける。2にかける。

副菜
えらんで
みました！

＋

小松菜とベーコンの
バターソテー
(P91)

きのこのしょうが
じょうゆ和え
(P95)

ささみとキャベツの
春雨スープ
(P105)

副菜
えらんで
みました！

+

にんじん
マカロニサラダ
(P89)

トマトと
アボカドのマリネ
(P90)

アスパラチーズ
(P94)

Time
15分

煮るだけ！デミグラスミートボール

焼かずに煮るだけ！
デミグラス缶なしでも十分においしい♪

| 材料(2人分) |

合びき肉…250g

A
玉ねぎ（みじん切り）…¼個
卵…1個
パン粉…大さじ3
塩こしょう…少々

薄力粉…適量

B
水…100㎖
コンソメ（顆粒）…小さじ¼
ケチャップ、中濃ソース
…各大さじ3
赤ワイン（または酒）…50㎖
しょうゆ、砂糖…各小さじ1
バター…10g

マッシュルーム…7個

パセリ（みじん切り）…適量

| 作り方 |

1. マッシュルームは薄切りにする。ボウルにAを入れてよく混ぜ、3㎝大に丸めて薄力粉をまぶす。

2. フライパンにBを入れて中火にかけ、煮立ったら1を加え、時々混ぜながら弱めの中火で8分煮る。

3. マッシュルームを加え、さらに2分煮る。器に盛り、パセリを散らす。

ブリのにんにく照り焼きおろし

Time 12分

定番のブリ照りも、
おろしを添えると一味違ったおいしさに。

材料(2人分)

ブリ…2切れ
塩…少々
薄力粉…適量
A | しょうゆ、酒…各大さじ1
砂糖、みりん…各大さじ½
にんにくチューブ…2cm
サラダ油…大さじ½
大根おろし…5cm分
貝割れ菜…適量

作り方

1. ブリは塩をふって5分おき、ペーパータオルで水けを拭き取り、薄力粉をまぶす。Aは合わせておく。
2. フライパンにサラダ油を中火で熱し、1を焼く。焼き色がついたら裏返し、裏面も焼いて火を通す。
3. Aを加えて煮からめ、器に盛り、大根おろしと貝割れ菜を添える。

副菜 えらんでみました！

ブロッコリーと
油揚げの煮浸し
(P93)

豆腐ときのこの
和風あんかけ
(P95)

豚バラ豆腐の
うま塩スープ
(P103)

Time
10分

鮭ときのこのマヨソース

相性抜群の鮭ときのこの組み合わせ！
甘めのソースがよく合います。

| 材料(2人分) |

鮭…2切れ
まいたけ…½パック
エリンギ…2本
塩こしょう…少々
薄力粉…適量
A ┌ マヨネーズ…大さじ1
  │ しょうゆ、牛乳
  │ …各小さじ1
  └ 砂糖…小さじ½
サラダ油…小さじ2
青ねぎ（斜め切り）…適量

| 作り方 |

1. 鮭は一口大に切り、塩こしょうをふって薄力粉をまぶす。まいたけはほぐす。エリンギは斜め5mm幅に切る。**A**は合わせておく。

2. フライパンに油を中火で熱し、鮭を焼く。焼き色がついたら裏返し、きのこを加えてふたをし、弱めの中火で3分蒸し焼きにする。さっと炒め合わせて器に盛り、**A**をかけてねぎをふる。

副菜
えらんで
みました！

＋

ツナとキャベツの
レンジ蒸し
（P88）

トマトの
塩昆布和え
（P90）

パプリカのピクルス
カレー風味
（P98）

マグロのたたき

薬味のさわやかな香りが鼻に抜ける一品。
少しの手間で豪華に仕上がります。

| 材料(2人分) |

マグロ…1さく(200g)
塩こしょう…少々
青ねぎ…3本
しょうが…1かけ
みょうが…1個
みりん…大さじ2

A
しょうゆ…大さじ2½
ごま油…大さじ½
酢…大さじ½
にんにくチューブ…1cm
ごま…大さじ½

サラダ油…小さじ2

| 作り方 |

1. 耐熱ボウルにみりんを入れ、レンジ (600W) で1分加熱し、**A**を加えてたれを作って冷やしておく。青ねぎは小口切り、しょうがは千切り、みょうがは粗みじん切りにする。

2. フライパンに油を入れて強めの中火で熱し、マグロを返しながら表面に焼き色をつける。切れ目を入れてから8mm厚さに切って器に盛り、**1**の薬味とたれをかける。

副菜
えらんで
みました!

+

玉ねぎと
厚揚げの煮物
(P92)

ブロッコリーと
油揚げの煮浸し
(P93)

ちゃんぽん風
スープ
(P104)

········· *point* ·········

フライパンで回しながら表面だけさっと焼いて、半生に仕上げます。時間があれば、冷やすとおいしい。

Time
12分

カジキのみそ炒め

ピリ辛のみそだれがからんで、ご飯がすすみます。
彩りも豊かなおかずです。

| 材料(2人分) |

カジキ…2切れ (170g)
なす…2本
ピーマン…2個
薄力粉…適量

A
　赤唐辛子 (小口切り) …½本
　みそ、みりん…各大さじ2
　酒、しょうゆ、砂糖
　　…各大さじ½

サラダ油…大さじ1½

| 作り方 |

1. カジキは一口大に切り、薄力粉を
まぶす。なすは3cm大に切って水
に3分さらして水けをきる。ピーマ
ンは一口大の乱切りにする。

2. フライパンに油を中火で熱し、カ
ジキとなすを上下を返しながら焼く。
なすがしんなりしたら、ピーマンも
加えて炒め合わせ、**A**を加えて煮
からめる。

副菜
えらんで
みました！

＋

トマトの
塩昆布和え
(P90)

もやしと小松菜の
ナムル
(P96)

切り干し大根の
煮物
(P101)

シーフードミックスの クリームシチュー

ルウなしで、フライパンで10分！
まろやかでクリーミーなおいしさです。

Time
15分

| 材料(2人分) |

シーフードミックス (冷凍)
…150g

じゃがいも…1個 (150g)

玉ねぎ…¼個

バター…大さじ1

薄力粉…大さじ2

A | 牛乳…400㎖
コンソメ (顆粒)…小さじ⅓
塩こしょう…少々

パセリ (みじん切り)…適量

| 作り方 |

1. シーフードミックスは解凍して水けを
きる。じゃがいもは5mm厚さのいちょ
う切りにする。玉ねぎは薄切りにする。

2. フライパンでバターを熱し、じゃがい
もと玉ねぎを炒める。じゃがいもが透
き通ってきたら、シーフードミックス
も加えて1分炒める。

3. さらに薄力粉をふり入れて1分炒める。
Aを加えて混ぜ、煮立ったら弱火にし、
じゃがいもがやわらかくなるまで煮て
塩こしょうで味をととのえる。器に盛
り、パセリをふる。

副菜
えらんで
みました！

ツナとキャベツの
レンジ蒸し
(P88)

トマトと
アボカドのマリネ
(P90)

小松菜とベーコンの
バターソテー
(P91)

タラのカレーフリッター

外はカリッと、中はふんわり！
食欲そそるカレー風味で、おつまみにもぴったり。

副菜
えらんで
みました！

+

にんじん
マカロニサラダ
(P89)

パプリカのピクルス
カレー風味
(P98)

ささみとキャベツの
春雨スープ
(P105)

| 材料(2人分) |

タラ…2切れ
じゃがいも…小2個(200g)
A｜薄力粉…大さじ3
　｜片栗粉…大さじ1
　｜カレー粉、塩
　｜　…各小さじ½
　｜冷水…50㎖
油、塩、パセリ…各適量

| 作り方 |

1. Aを合わせて衣を作る。タラは一口大に切る。じゃがいもは皮つきのまま6等分のくし形に切る。

2. フライパンに1cmの油とじゃがいもを入れて中火にかける。途中返しながらやわらかくなるまで揚げ焼きにして油をきる。器に盛り、塩をふる。

3. 続けてタラを1の衣にくぐらせてから入れ、返しながら5分ほど揚げ焼きにして油をきる。器に盛り、パセリを添える。

Time
15分

えびチリ卵

あんたっぷりのえびチリとふんわり卵を合わせました。
プリプリの食感がたまらない、うれしいおかず。

| 材料(2人分) |

えび…200g
長ねぎ…10cm
卵…3個
A ┌ マヨネーズ…大さじ1
　└ 塩こしょう…少々
酒…小さじ1
片栗粉…大さじ1
B ┌ ケチャップ…大さじ3
　│ 片栗粉、しょうゆ
　│ 　…各大さじ½
　│ 豆板醤…小さじ½
　└ 水…100㎖
サラダ油…適量

| 作り方 |

1. えびは殻をむき、包丁で切り込みを入れて背わた、尻尾を除く。よく洗って水けをきり、酒と片栗粉をふる。ねぎはみじん切りにする。卵は溶いてAを混ぜておく。Bは合わせておく。

2. フライパンに油大さじ1を強火で熱し、卵液を流し入れて大きく混ぜる。半熟になったら器に盛る。

3. そのままフライパンに油小さじ2を中火で熱し、ねぎとえびを炒める。えびに火が通ったらBを加えてとろみをつけ、2の上にのせる。

副菜
えらんで
みました！

玉ねぎとわかめの
甘酢和え
(P92)

もやしと小松菜の
ナムル
(P96)

なすの
中華風マリネ
(P97)

ホタテとアスパラの バターしょうゆ

ホタテ×アスパラ×バターしょうゆは
まちがいない組み合わせ！
コーンで甘みをプラスしました。

Time 12分

材料（2人分）

ボイルホタテ…10個
アスパラ…5本
コーン…60g
バター…10g
しょうゆ…小さじ1
サラダ油…小さじ2
粗びき黒こしょう…少々

副菜 えらんでみました！

豚バラ豆腐の
うま塩スープ
（P103）

作り方

1. アスパラは根元を落とし、ピーラーで下4cm分の皮をむき、3等分に切る。
2. フライパンにサラダ油を中火で熱し、アスパラを転がしながら4分ほど焼く。ホタテを加え、両面焼き色がつくまで焼き、コーンを加えてさっと炒める。バターとしょうゆを加えて火を止め、余熱でバターを溶かす。器に盛り、黒こしょうをふる。

副菜 えらんでみました！

エリンギとベーコンの
コンソメバター
（P95）

あさりとトマトの ガーリック蒸し

旨みたっぷりの食材同士で、
食欲そそる香りが漂います。

材料（2人分）

あさり（砂抜きしておく）…250g
ミニトマト…8個
にんにく…1かけ
A｜水…大さじ2
　｜白ワイン（または酒）…大さじ2
塩こしょう…少々
パセリ（みじん切り）…適量

作り方

1. ミニトマトはヘタを除く。にんにくはみじん切りにする。
2. フライパンにあさり、にんにく、トマト、**A**を入れて中火にかける。煮立ったらさっと混ぜ、ふたをして4分ほど蒸し焼きにする。あさりの口が開いたら、塩こしょうで味をととのえる。スープごと器に盛り、パセリをふる。

Time 10分

長いもdeふわとろかに玉

冷蔵庫に肉や魚がなくてもできるご飯のおかず♪
すりおろした長いもでふわふわ感アップ！

Time 10分

| 材料(2人分) |

卵…4個

長いも…150g
かにかま…60g
長ねぎ…10cm

A
水…200㎖
酒、オイスターソース
　…各大さじ1
片栗粉…小さじ2
しょうゆ…小さじ½
鶏がらスープの素、ごま油
　…各小さじ½

塩こしょう…少々
サラダ油…大さじ1
白髪ねぎ…適量

| 作り方 |

1. 長いもはすりおろす。ねぎは小口切りにする。かにかまはほぐす。ボウルに卵を溶きほぐし、長いも、ねぎ、かにかま、塩こしょうを入れて混ぜる。

2. フライパンに油大さじ1を中火で熱し、1を入れて大きく混ぜながら加熱する。半熟になり焼き色がついたら裏返して器に盛る。

3. そのままフライパンにAを入れ、混ぜてから中火にかける。混ぜながら加熱し、とろみがついたら2にかける。白髪ねぎを添える。

副菜 えらんでみました！

ささみとトマト、
きゅうりの香味和え
（P90）

もやしと小松菜の
ナムル
（P96）

じゃことピーマンの
甘辛和え
（P98）

Time
10分

副菜
えらんで
みました！

小松菜とまいたけの
からしポン酢和え
(P91)

レンコンとツナの
和風和え
(P100)

トマトときのこの
ふわたまスープ
(P102)

ウインナーと野菜の
かき揚げ

余った野菜を集めておいしい、節約おかず！
ハムやサラダチキンで作っても。

----- *point* -----

揚げるときは、大きめのスプ
ーンにまとめ、すべらせるよう
に入れます。菜箸で平らに広
げ、つついて数か所穴を開け
るとカラッと揚がります。

| 材料(2人分)|

ウインナー…5本

玉ねぎ…¼個

にんじん…⅓本

A 卵…1個
　薄力粉…50g
　冷水…大さじ2

サラダ油、塩…各適量

| 作り方 |

1. ウインナーは斜め3等分に、玉ねぎは薄
切り、にんじんは細切りにする。ボウル
にAを入れて混ぜ、ウインナー、玉ねぎ、
にんじんを加えて混ぜる。

2. フライパンに2cmの油を入れて中火で
熱し、⅙量ずつスプーンですくい入れる。
途中で返しながら3〜4分揚げ焼きにし、
油をきる。器に盛り、塩をふる。

Time 10分

明太マヨナゲット

ボウルで一気に混ぜて、
揚げ焼きにするだけ！

| 材料 (2人分) |

鶏ひき肉…250g

A
明太子…40g
卵…1個
マヨネーズ…大さじ2
片栗粉、薄力粉
　…各大さじ1½
コンソメ (顆粒)…小さじ¼
こしょう…少々

サラダ油…適量
レモン、パセリ、マヨネーズ
　…各適量

| 作り方 |

1. ボウルにAを入れてよく混ぜる。

2. フライパンに1cmの油を入れて中火で熱し、**1**をスプーンで3cm大にすくって落とし入れ、4〜5分ほど両面を色よく揚げ焼きにする。器に盛り、レモン、パセリ、マヨネーズを添える。

副菜
えらんで
みました！

キャベツと
かにかまのマヨ和え
(P88)

ささみとトマト、
きゅうりの香味和え
(P90)

ブロッコリーと卵の
おかかマヨ和え
(P93)

82

Time
12分

ベーコンと白菜の
クリーム煮

とろみづけは、片栗粉におまかせ！
ウインナーやハムで作っても◎

| 材料(2人分) |

厚切りベーコン
　　…100g
白菜…⅛個（200g）
しめじ…½パック
サラダ油…小さじ1
水…200㎖
コンソメ…小さじ⅔
A┃牛乳…150㎖
　┃塩こしょう…少々
片栗粉…小さじ2

| 作り方 |

1. 白菜は芯を1cm幅に切り、葉は3cm幅に切る。
しめじはほぐす。ベーコンは1cm角の棒状に
切る。片栗粉は水大さじ1（分量外）で溶いてお
く。

2. フライパンに油を入れて中火で熱し、ベーコン
と白菜の芯を炒める。芯がしんなりしてきたら、
白菜の葉としめじを加え、さっと炒める。

3. 水とコンソメを加えて混ぜ、煮立ったら3分煮
る。Aも加えて混ぜ、再び煮立ったら水溶き
片栗粉を加え、手早く混ぜてとろみをつける。

副菜
えらんで
みました！

＋

いんげんの
マヨしょうゆ和え
（P94）

じゃことピーマンの
甘辛和え
（P98）

パプリカのピクルス
カレー風味
（P98）

Time
8分

さつま揚げの春雨煮

春雨は戻さないからかんたん！
オイスターソースでコクが出て、ご飯にもぴったりです。

| 材料(2人分) |

さつま揚げ…4枚

キャベツ…⅙個 (200g)

乾燥春雨…40g

ごま油…小さじ2

A｜ 水…160㎖
｜ しょうゆ…小さじ2
｜ 砂糖、オイスターソース
｜ 　…各大さじ½

ごま…適量

| 作り方 |

1. さつま揚げは7mm幅に切る。キャベツはざく切りにする。

2. フライパンにごま油を中火で熱し、1を3分ほど炒める。Aと春雨（煮汁に浸るように）を加え、混ぜながら3〜4分炒め煮にする。器に盛り、ごまをふる。

副菜
えらんで
みました！

＋

トマトの
塩昆布和え
(P90)

なすの
おかかポン酢
(P97)

牛肉と
わかめのスープ
(P103)

サバ缶のみぞれ煮

何かと重宝するサバ缶は、味付けもラクラク♪
全部一緒にさっと煮るだけ。

| 材料(2人分) |

サバ缶（しょうゆ味）…**2缶**（380g）
大根…150g
A 水…100㎖
　 和風だし（顆粒）…小さじ⅕
青ねぎ（斜め切り）…適量

| 作り方 |

1. 大根はすりおろして水けをきる。
2. フライパンにサバ缶（汁ごと）と1、Aを入れて中火にかける。スプーンで煮汁をかけながら、サバが温まるまで煮る。器に盛り、青ねぎをかける。

副菜 えらんでみました！

にんじんと
ツナの甘辛
（P89）

きのこのしょうが
じょうゆ和え
（P95）

レンコンとツナの
和風和え
（P100）

Time
8分

85

ちょっと飲みたいときに！おつまみおかず

厚揚げのねぎおかかチーズ
こんがり食欲そそる香りで満たされる

材料(2人分)
厚揚げ…小1枚(140g)
ピザ用チーズ…20g
青ねぎ(小口切り)…2本
かつお節…1袋(2〜3g)
しょうゆ…適量

作り方
1. 厚揚げは6等分に切る。
2. アルミホイルに並べてチーズをのせ、トースターで10分ほど焼く。青ねぎ、かつお節をのせ、しょうゆをかける。

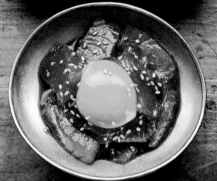

マグロのユッケ
濃厚でとろける！　お酒もご飯もすすむ

材料(2人分)
マグロ(サク)…150g
A｜しょうゆ…大さじ1と½
｜砂糖、ごま油…各大さじ½
｜にんにくチューブ…1cm
白ごま…少々
卵黄…2個分

作り方
1. マグロは細切りにし、Aと和える。器に盛り、卵黄をのせ、ごまをふる。

チーズの生ハム巻き
巻いただけなのにホメられる♡

材料(2人分)
プロセスチーズ…6個
生ハム…3〜6枚
オリーブオイル…小さじ2
粗びき黒こしょう…少々
粉チーズ…少々

作り方
1. 生ハムでチーズを巻き、オリーブオイル、こしょう、粉チーズをかける。

ちくわのマヨパン粉焼き
そのまま食べるなんてもったいない！

材料(2人分)
ちくわ…3本
マヨネーズ、パン粉、青のり…各適量

作り方
1. ちくわは縦半分に切ってアルミホイルに並べ、凹んだところにマヨネーズをしぼってパン粉をふる。
2. トースターで焼き色がつくまで焼き、青のりをふる。

合間に作れる！

野菜別
かんたん副菜

この本に出てくる野菜は、どれも一年中手に入るものだけ！
2,3の食材を組み合わせて作れる副菜をまとめました。
レンジで加熱したり、さっと混ぜるだけでいいので、
メインおかずの合間でできるレシピになっています。
さっぱり系、甘辛系、食べごたえがあるものなどなど、
バリエーションが豊富で飽きません。
汁物がほしい日は、番外編のスープをどうぞ！

ツナの旨みがキャベツに、しみしみ♡
ほんのりピリ辛のラー油がアクセントになります。

| 材料(2人分) |

キャベツ…3枚 (150g)　　ラー油…適量
ツナ…1缶

A | しょうゆ…小さじ1
　| はちみつ…小さじ½
　| 塩こしょう…少々

| 作り方 |

1. キャベツはざく切りにする。ツナは油をきる。
2. 耐熱ボウルに1を入れて混ぜ、ふんわりラップをしてレンジ(600W)で4分加熱する。Aを加えて和え、ラー油をかける。

~ツナとキャベツのレンジ蒸し

うまだれキャベツ

やみつき間違いなし！
キャベツさえあれば瞬時にできる簡単副菜。
ポリ袋で混ぜてもかんたん♪

| 材料(2人分) |

キャベツ…⅛個 (200g)　　ごま油…大さじ1
塩、鶏がらスープの素　　　白ごま…大さじ1
　…各小さじ¼　　　　　　粗びき黒こしょう
にんにく(チューブ)…2cm　　…少々

| 作り方 |

1. キャベツは食べやすい大きさにちぎる。ボウルにこしょう以外のすべての材料を入れ、よく混ぜて調味料をからめる。器に盛り、こしょうをふる。

かにかま×マヨの組み合わせは、
子どもも大人も大好きな味♪
キャベツが無理なく食べられます。

| 材料(2人分) |

キャベツ…2枚 (100g)　　A | マヨネーズ…大さじ1
塩…ふたつまみ　　　　　　　| すりごま…小さじ1
かに風味かまぼこ　　　　　　| 粗びき黒こしょう…少々
　…30g

| 作り方 |

1. キャベツは細切りにし、塩をふってよくもみ込み、5分おいて水気をしぼる。
2. ボウルにかにかまを割いて入れ、1とAを加えて和える。器に盛り、黒こしょうをふる。

~キャベツとかにかまのマヨ和え

にんじんと
ツナの甘辛

にんじんはピーラーで削って時短！
包丁いらずのお手軽レシピ。

| **材料**(2人分) |

にんじん…小**1本** (100g)

ツナ…1缶

A しょうゆ…小さじ2
砂糖、ごま油…各小さじ1

ごま…適量

| **作り方** |

1. にんじんはよく洗い、皮ごとピーラーでむく。
ツナはかるく油をきる。

2. 耐熱ボウルに1とAを入れて混ぜ、ふんわりラ
ップをし、レンジ (600W) で1分30秒加熱し、
よく混ぜる。器に盛り、ごまをふる。

マカロニサラダもレンジでできる!!
いつもよりにんじんを多めにして、
ヘルシーに仕上げました♪

| **材料**(2人分) |

にんじん…⅓本 (50g)

マカロニ (4分ゆでタイプ) …30g

水…250㎖

コンソメ (顆粒) …小さじ½

コーン…大さじ2

A マヨネーズ…大さじ2
砂糖、酢…各小さじ½
塩こしょう…少々

パセリ (みじん切り) …適量

| **作り方** |

1. にんじんは細切りにする。耐熱ボウルににん
じん、マカロニ、コンソメ、水を入れ、レンジ
(600W) で7分加熱する。

2. ざるに上げて流水で冷やして水けをきり、コー
ンとAを加えて和える。パセリをふる。

にんじん
マカロニサラダ

トマトの塩昆布和え

たったコレだけで、最高においしい！
塩昆布の旨みと、
トマトの酸味が相性抜群!!

| 材料(2人分) |
トマト…大1個
塩昆布…4g
ごま油、ごま…各小さじ1

| 作り方 |
1. トマトは2cm角に切る。ボウルにすべての材料を入れ、よく和える。

混ぜているうちにアボカドが少しくずれて、
おいしいマリネ液に。
少し冷蔵庫で冷やすと、よりおいしい。

| 材料(2人分) |
トマト…1個　　　塩…小さじ⅓
アボカド…½個　　オリーブオイル、砂糖
レモン汁…小さじ2　…各大さじ½
　　　　　　　　　　こしょう…少々

| 作り方 |
1. トマトは一口大に、アボカドは皮と種を取り、1.5cm角に切る。
2. ボウルにすべての材料を入れて和える。

トマトとアボカドのマリネ

ささみとトマト、きゅうりの香味和え

3つの相性は完璧！ささみ入りでボリュームも◎
さっぱり中華風のたれがよく合います。

| 材料(2人分) |
鶏ささみ…1本(50g)
トマト…½個
きゅうり…½本
A｜長ねぎ(みじん切り)…5cm
　｜しょうゆ…小さじ2
　｜酢、ごま油…各小さじ1
　｜しょうが(チューブ)…1cm
酒…小さじ1
ラー油…お好みで

| 作り方 |
1. ささみは耐熱皿にのせて酒をふり、ふんわりラップをし、レンジ(600W)で1分30秒加熱する。粗熱が取れたら手で割く。
2. トマトは1.5cm角に切る。きゅうりは縦半分に切って斜め薄切りにする。
3. ボウルにAを入れて混ぜ、1と2を加えて和える。好みでラー油をかける。

小松菜とまいたけの
からしポン酢和え

クセのない小松菜に、
旨みの強いまいたけを合わせると
バランスよい味わいに。

| 材料(2人分) |

小松菜…½束
まいたけ…½パック

A ｜ポン酢…大さじ1
｜からしチューブ…1cm

| 作り方 |

1. 小松菜は4cm長さに切る。まいたけはほぐす。
2. 耐熱ボウルに1を入れてふんわりラップをし、レンジ(600W)で2分30秒加熱する。流水で冷やして水けをきり、Aで和える。

小松菜とベーコンの
バターソテー

シンプルな味つけながら、
ベーコンから出る旨みと、
バターがからんで絶品に!!

| 材料(2人分) |

小松菜…½束
ベーコン…1枚

A ｜バター…5g
｜しょうゆ…小さじ⅓
｜こしょう…少々

| 作り方 |

1. 小松菜は4cm長さに切る。ベーコンは1cm幅に切る。
2. 耐熱ボウルに1を入れ、ふんわりラップをし、レンジ(600W)で2分加熱する。かるく水けをきり、Aを加えて混ぜ合わせる。

玉ねぎとわかめの甘酢和え

さっぱりがうれしい定番の酢の物。
揚げ物や油っこいメインの副菜に重宝します。

| 材料（2人分） |

玉ねぎ…½個

わかめ（乾燥）…3g

A｜酢…大さじ1
A｜砂糖…小さじ2
A｜塩…ひとつまみ

| 作り方 |

1. わかめは水に浸けて戻し、しっかり水けをきる。玉ねぎは薄切りにし、レンジ（600W）で50秒加熱し、粗熱を取る。
2. ボウルにAを入れて混ぜ、1を加えて和える。

一口食べればホッとする、
レンチンでちゃんとおいしい煮物レシピ。
たっぷり作れるのでボリュームもあります。

| 材料（2人分） |

玉ねぎ… ½個

しめじ…½パック

厚揚げ…小1枚（140g）

水…100mℓ

和風だし（顆粒）…小さじ⅓

しょうゆ、みりん、砂糖…各小さじ2

ごま油…小さじ½

| 作り方 |

1. 厚揚げはペーパーで油を押さえ、8等分に切る。玉ねぎは1cm幅のくし形に切る。しめじはほぐす。
2. 耐熱ボウルにすべての材料を入れて混ぜ、ふんわりラップをし、レンジ（600W）で8分加熱する。

玉ねぎと厚揚げの煮物

ブロッコリーと卵のおかかマヨ和え

ゆで卵いらずでかんたん！
炒り卵もレンジで
一緒に作れます。

| 材料(2人分) |
ブロッコリー…100g
卵…2個

A｜マヨネーズ…小さじ1
　｜塩こしょう…少々

B｜マヨネーズ…大さじ2
　｜しょうゆ…小さじ⅓
　｜かつお節…小1袋(2g)

| 作り方 |
1. 耐熱ボウルに卵を割り入れ、Aを加えて溶きほぐす。ブロッコリーを小さめの小房に分けてのせ、ふんわりラップをしてレンジ(600W)で3分加熱する。
2. 菜箸でざっくり混ぜて粗熱を取り、Bを加えて和える。

ブロッコリーと油揚げの煮浸し

洋風になりがちな、
ブロッコリーの和風副菜を考えました。
箸休めにぴったりでしみじみおいしい。

| 材料(2人分) |
ブロッコリー…100g
油揚げ…½枚

A｜水…50ml
　｜和風だし(顆粒)…小さじ¼
　｜しょうゆ、みりん…各小さじ2

| 作り方 |
1. ブロッコリーは小房に分ける。油揚げはペーパーで油を押さえ、縦半分に切り、横1cm幅に切る。
2. 耐熱ボウルにAと1を入れてざっくり混ぜる。ふんわりラップをし、レンジ(600W)で4分加熱する。

ちくわ入りで食べごたえ◎
モリモリ食べたくなる一品です。

材料(2人分)

いんげん…50g
ちくわ…2本
かつお節…小1袋（2g）
A｜マヨネーズ…大さじ1
　｜しょうゆ…小さじ½
白ごま…適量

作り方

1. いんげんはへたを落とし、さっと水にくぐらせてラップで包み、レンジ（600W）で1分20秒加熱する。冷水で冷やして食べやすい長さに切る。ちくわは斜め薄切りにする。
2. ボウルに1とAを入れて混ぜ、白ごまをふる。

いんげんの
マヨしょうゆ和え

アスパラ
チーズ

とろ～りチーズがたまらない♡
おつまみにも最適！

材料(2人分)

アスパラガス…5本（100g）
ピザ用チーズ…30g
粗びき黒こしょう…少々

作り方

1. アスパラは根元を落とし、ピーラーで下4cm分の皮をむき、長さを3等分に切る。
2. 耐熱皿にのせてチーズをかけ、ふんわりラップをし、レンジ（600W）で1分50秒加熱してこしょうをふる。

少ない調味料でも、旨みたっぷり。
他のきのこでアレンジしても。

▼
きのこの
しょうがじょうゆ和え

| 材料(2人分) |

えのき…1袋(200g)
しいたけ…3枚
酒…小さじ2

A しょうがチューブ…2cm
しょうゆ…大さじ½

| 作り方 |

1. えのきは石突きを落とし、食べやすい大きさにほぐす。しいたけは薄切りにする。
2. 耐熱ボウルに**1**を入れて酒をふりかける。ふんわりラップをしてレンジ(600W)で2分加熱する。**A**を加えて和える。

エリンギとベーコンの
コンソメバター

コリっとした歯ざわりのエリンギに、
コクのあるバターとベーコンがマッチ！

| 材料(2人分) |

エリンギ…2本
ベーコン…2枚

A コンソメ…小さじ¼
こしょう…少々
バター…5g

パセリ(みじん切り)…適量

| 作り方 |

1. エリンギは石突きを落として一口大に、ベーコンは1cm幅に切る。
2. 耐熱ボウルに**1**と**A**を入れてざっくりと混ぜ、レンジ(600W)で2分加熱する。器に盛り、パセリをふる。

トロトロのあんかけも、鍋を使わず、合間にチンで作れます！
副菜だけど、ご飯にかけるのもおすすめ。

▼
豆腐ときのこの
和風あんかけ

| 材料(2人分) |

木綿豆腐…½丁(150g)
しめじ…½パック
えのき…100g

A 水…180ml
和風だし(顆粒)…小さじ1
しょうゆ、みりん、片栗粉
…各大さじ1

ねぎ(斜め切り)…適量

| 作り方 |

1. 豆腐は一口大に切る。しめじは石突きを落として小房に分ける。えのきは半分の長さに切ってほぐす。
2. 耐熱ボウルに**A**を入れて混ぜ、豆腐、きのこの順に入れる。ふんわりラップをし、レンジ(600W)で4分加熱する。取り出してスプーンで混ぜ、再びふんわりラップをし、3分加熱する。器に盛り、ねぎをのせる。

もやしと小松菜のナムル

あっさりしたおいしさで
メインを引き立ててくれる一品。
小松菜をキャベツにしてもおいしい！

材料(2人分)

もやし…½袋（100g）

小松菜…½束（100g）

A
ごま油…小さじ1
砂糖…小さじ⅓
鶏がらスープの素…小さじ¼
にんにくチューブ…1cm

作り方

1. 小松菜は4cm長さに切る。

2. 耐熱ボウルに小松菜、もやしの順に入れてふんわりラップをし、レンジ（600W）で3分加熱する。粗熱を取って水けをしぼり、Aを和える。

シンプルな組み合わせで、
大人も子どももやみつきになる
人気の無限副菜です！

材料(2人分)

もやし…½袋（100g）

A
塩昆布…4g
ごま油…小さじ½
白いりごま…小さじ1

作り方

1. 耐熱ボウルにもやしを入れ、ふんわりラップをし、レンジ（600W）で2分加熱する。

2. 粗熱を取って水けをしぼり、Aを加えて混ぜる。

もやしの塩昆布和え

なすの
おかかポン酢

なすをさっぱりいただく一品！
レンチンすると、色鮮やかに仕上がります。

| **材料**(2人分) |

なす…2本

A │ ポン酢しょうゆ…大さじ1½
  │ 砂糖…小さじ1

かつお節…小2袋(4g)

ごま油…小さじ2

青ねぎ(小口切り)…適量

| **作り方** |

1. なすは3cm大の乱切りにし、水に3分浸けて水けをきる。
2. 耐熱ボウルになすとごま油を入れてからめ、ふんわりラップをし、レンジ(600W)で3分加熱してかるく水けをきる。
3. 熱いうちにAとかつお節1袋を加えて混ぜ、そのまま粗熱が取れるまで冷ます。器に盛り、青ねぎ、残りのかつお節をかける。

豆板醤のピリッとした辛味が、
あと引くおいしさです。
ツヤツヤのなすがたまらない♡

| **材料**(2人分) |

なす…2本

A │ 酢、しょうゆ、砂糖…各小さじ2
  │ 豆板醤…小さじ½

ごま油…大さじ1

| **作り方** |

1. なすは3cm大の乱切りにして水に3分さらし、水けをきる。
2. 耐熱ボウルになすとごま油を入れてからめ、ふんわりラップをし、レンジ(600W)で3分加熱する。かるく水けをきり、熱いうちにAを加えて混ぜる。

なすの
中華風マリネ

箸が止まらなくなる！
甘めのたれとじゃこの旨みが、
ほろ苦ピーマンを引き立てます。

じゃことピーマンの甘辛和え

| 材料(2人分) |

ピーマン…3個
ちりめんじゃこ…10g
A | しょうゆ…小さじ1
　 | 砂糖、ごま油…各小さじ½

| 作り方 |

1. ピーマンはヘタと種を除いて縦半分に切り、横8mm幅に切る。
2. 耐熱ボウルに1、ちりめんじゃこ、Aを入れてざっくりと混ぜる。
3. ふんわりラップをしてレンジ（600W）で2分加熱する。

パプリカのピクルス カレー風味

酸味ひかえめで、ちょっぴりスパイシー。
浅漬け感覚で、たっぷり食べられますよ。

| 材料(2人分) |

パプリカ（赤、黄）…各½個（160g）
A | カレー粉、塩…各小さじ¼
　 | 砂糖…小さじ1
　 | 酢…小さじ2
　 | オリーブオイル…大さじ½

| 作り方 |

1. パプリカはヘタと種を除いて一口大の乱切りにする。
2. 耐熱ボウルにAと1を入れて混ぜ、ふんわりラップしてレンジ（600W）で2分加熱し、混ぜて冷ます。

potato
いも類

長いもと水菜の
じゃこサラダ

長いものシャキシャキ感を生かしたサラダ。
どんなメインにも合わせやすい一品。

| 材料(2人分) |

長いも…5cm
水菜…50g
ちりめんじゃこ…15g

A
しょうゆ、ごま…各大さじ1
ごま油、酢…各大さじ½
砂糖…小さじ¼

| 作り方 |

1. 水菜は4cm長さに切る。長いもは細切りにする。

2. 器に**1**を盛り、ちりめんじゃこをのせ、**A**を混ぜてかける。

じゃがいもの
カレーマヨ和え

ほんのりカレー風味の
デリ風ポテトサラダ。

| 材料(2人分) |

じゃがいも…2個(200g)
ハム…2枚

A
マヨネーズ…大さじ1½
砂糖、カレー粉、しょうゆ…各小さじ½
塩こしょう…少々

| 作り方 |

1. じゃがいもは皮をむいて3cm大に切る。耐熱ボウルに入れてふんわりラップをし、レンジ(600W)で4〜5分加熱する。熱いうちにつぶして塩こしょうをふり、粗熱を取る。

2. ハムは半分に切って1cm幅に切り、**1**に加えて**A**と和える。

レンコンと
ツナの
和風和え

春雨
サラダ

火を使わず、レンジで手軽に作れます。
具材の彩りも食感もよく、
作っておくとうれしいメニュー。

| 材料(4人分) |

乾燥春雨…40g
にんじん…⅓本
きゅうり…½本
ハム…3〜4枚

A｜水…150㎖
　｜砂糖、しょうゆ、酢…各大さじ1と½
ごま油、ごま…各適量

| 作り方 |

1. にんじん、きゅうり、ハムは細切りにする。春雨は長ければ半分に切る。

2. 耐熱ボウルに春雨、にんじん、**A**を入れてざっくり混ぜ、ラップをしないでレンジ(600W)で5分加熱する。

3. 取り出して混ぜ、そのまま7〜8分置いて粗熱を取り、きゅうり、ハム、ごま油を加えて混ぜる。冷蔵庫で冷やし、器に盛ってごまをふる。

レンコンが食べごたえ満点！
ツナや調味料でしっかり味がついているから、
ご飯もすすみます♪

| 材料(2〜3人分) |

レンコン…300g
ツナ…1缶
砂糖、しょうゆ、ごま油、酢…各小さじ2
和風だし(顆粒)…小さじ⅓

| 作り方 |

1. レンコンは5mm厚さの半月切りにし、水に3分さらして水けをきる。耐熱ボウルにツナ以外のすべての材料を入れて和え、ふんわりラップをし、レンジ(600W)で5分加熱する。

2. よく混ぜて粗熱を取り、油をきったツナを加えて和える。

しっかり甘めの和風だしに浸って、
どんどんおいしくなる一品。
冷蔵庫に作っておくと安心です！

| 材料(2〜3人分) |

切り干し大根…30g

油揚げ…1枚

にんじん…½本

A
- 水…200㎖
- 酒、しょうゆ…各大さじ2
- 砂糖…大さじ3
- 和風だし(顆粒)…小さじ⅓

| 作り方 |

1. 切り干し大根は水で洗って水けをきり、ざく切りにする。油揚げは縦半分に切り、5㎜幅に切る。にんじんは千切りにする。

2. 耐熱ボウルにAと1を入れて混ぜ、ふんわりラップをし、レンジ(600W)で7分加熱する。取り出して混ぜ、ラップをしたまま粗熱を取る。

大きいままで、見栄えのする副菜に！
皮はツヤツヤで、中はトロトロに仕上がります。

| 材料(2〜3人分) |

なす…3本(200g)

めんつゆ(2倍濃縮)…大さじ2

水…80㎖

しょうゆ、みりん…各大さじ1

砂糖、ごま油…各小さじ1

| 作り方 |

1. なすは縦半分に切り、皮に切り込みを入れる。水に3分さらして水けをきる。

2. 耐熱ボウルにすべての材料を入れてざっくり混ぜる(なすは皮を下にする)。ふんわりラップをし、レンジ(600W)で5分加熱する。なすをひっくり返し、さらに3分加熱する。一度冷ますとおいしい。

具だくさん！ おかずスープ

おかずにもなって、ホッと温まるスープはいかがですか？
同時調理で作りやすいスープレシピを紹介します。

トマトときのこのふわたまスープ。

野菜のおいしさで、
少ない調味料でも
ばっちりおいしい！

| 材料(2人分) |

トマト…1個
えのき…50g
卵…1個
A { 水…400㎖
鶏がらスープの素…小さじ2
こしょう…少々
ねぎ(小口切り)…適量

| 作り方 |

1. トマトはくし形に切る。えのきは半分の長さに切ってほぐす。卵は溶いておく。

2. 鍋にAを入れて火にかけ、沸騰したらトマトとえのきを加える。一煮立ちしたら溶き卵を流し入れ、大きく混ぜて火を止める。器に盛り、ねぎをのせる。

.... point ....

トマトはプチトマト、えのきは
しめじやエリンギに代えても
おいしい！

韓国料理で定番の、
ごちそうスープ。
副菜があれば
立派な献立！

牛肉とわかめのスープ

| 材料 (2人分) |

牛こま切れ肉…100g

わかめ (乾燥) …3g

玉ねぎ…¼個

A |
水…450mℓ
しょうゆ、酒…各大さじ1
鶏がらスープの素…小さじ½
こしょう…少々

ごま油…小さじ2

白ごま…適量

赤唐辛子 (小口切り) …½本

| 作り方 |

1. 玉ねぎは薄切りにする。

2. 鍋にごま油を中火で熱し、牛肉と玉ねぎ、唐辛子を入れて炒める。

3. 牛肉の色が変わったらわかめとAを加え、4〜5分煮る。器に盛り、ごまをふる。

豚バラ豆腐のうま塩スープ

にんにくを
効かせた、
食欲そそる汁物です。

| 材料 (2人分) |

豚バラ薄切り肉…100g

木綿豆腐…½丁

長ねぎ…½本

A |
水…400mℓ
鶏がらスープの素…大さじ1
にんにくチューブ…2cm
塩…少々

白ごま、粗びき黒こしょう…各少々

ごま油…小さじ1

| 作り方 |

1. 豚肉は4cm長さに切る。ねぎは薄切りにする。

2. 鍋にごま油を中火で熱し、1を炒める。豚肉の色が変わったらAと豆腐を手でちぎって加えて3分煮る。器に盛り、ごまとこしょうをかける。

具だくさんで
ボリューム満点!
麺を入れても
おいしい!!

ちゃんぽん風スープ。

| 材料(2人分) |

豚バラ薄切り肉…80g
キャベツ…2枚(100g)
にんじん…¼本
もやし…70g
かまぼこ…⅓本
A｜水…400㎖
｜鶏がらスープの素…大さじ1
｜しょうゆ…大さじ½
｜塩こしょう…少々
豆乳…100㎖
ごま油…大さじ½
白すりごま…大さじ2
粗びき黒こしょう…適量

| 作り方 |

1. 豚肉は3cm長さに切る。キャベツはざく切りにする。にんじんは短冊切りにする。かまぼこは薄切りにする。

2. 鍋にごま油を中火で熱し、豚肉、キャベツ、にんじんを炒める。野菜がしんなりしてきたら、Aともやし、かまぼこを加えて混ぜる。

3. 沸騰したら2分煮て、豆乳とすりごまを加え、沸騰直前で火を止める。器に盛り、こしょうをふる。

具だくさんコーンスープ

| 材料(2人分) |

クリームコーン缶…１缶(180g)
ミックスベジタブル…80g
バター…10g
コンソメ(顆粒)…小さじ１
塩こしょう少々
牛乳…200㎖

| 作り方 |

1. 鍋にバターを中火で熱し、ミックスベジタブルを炒める。温まったらコーン缶、牛乳、コンソメ、塩こしょうを加えて混ぜ、沸騰直前で火を止める。

甘くてクリーミー！
一手間でうれしい
彩りを添えてくれます。

ささみとキャベツの春雨スープ

| 材料(2人分) |

鶏ささみ…2本
キャベツ…１枚(50g)
乾燥春雨…20g

A
- 水…400㎖
- 鶏がらスープの素 …小さじ１
- 塩…小さじ½
- こしょう…少々

ごま…適量

| 作り方 |

1. キャベツは細切りにする。ささみは斜め薄切りにする。
2. 鍋にAとささみを入れて中火にかけ、煮立ったら春雨とキャベツを加えて混ぜながら3〜4分煮る。器に盛り、ごまをふる。

あっさり味のヘルシー系。
春雨は戻さない
から、ラク！

〆にうれしい！

オーブンいらずの おやつ

チョコレート パンナコッタ

チョコの濃厚で
なめらかな舌ざわりに、
みんな夢中！

| 材料 (150mℓカップ4個分) |

板チョコ（ブラック）…1枚（50g）

A
- 牛乳…250mℓ
- 生クリーム…100mℓ
- 砂糖…大さじ2

粉ゼラチン…5g
水…大さじ2
市販のチョコレートシロップ…適量

| 作り方 |

準備 ゼラチンは水にふり入れてふやかす。チョコは細かく刻んでおく。

1. 小鍋に**A**を入れて火にかけ、混ぜながら加熱する。沸騰直前で火を止め、ゼラチンを加えて混ぜ溶かす。

2. チョコレートを加えて混ぜ溶かし、鍋底を氷水に当てて混ぜながら冷ます。とろみがついたらカップに注ぎ、冷蔵庫で3時間以上冷やす。好みでチョコレートシロップをかける。

トースターde
かんたん♡
型抜きクッキー

| 材料（15枚分）|

ホットケーキミックス…60g
ココアパウダー…5g
サラダ油…15g

| 作り方 |

1. ボウルにホットケーキミックスとふるったココアパウダーを入れて泡立て器で混ぜる。油も加えてゴムべらで混ぜ、最後は手でまとめる。ラップで包んで冷蔵庫で15分冷やす。

2. ラップ2枚で生地をはさみ、めん棒で5mm厚さにのばす。型で抜き、アルミホイルに並べてトースターで3〜4分焼く（焦げそうならアルミホイルをかける）。焼けたら粗熱が取れるまで冷ます。

たった3つの材料で失敗なし！初心者でもサクサクにできます

ほっくりとしたおいもの甘みに、シナモンの香りが合います♡

さつまいもの
シナモンシュガー
スティック

| 材料（2〜3人分）|

さつまいも…1本（200g）

A
グラニュー糖…大さじ1
シナモンパウダー…少々
塩…ひとつまみ

サラダ油…適量

| 作り方 |

1. さつまいもは皮つきのまま1cm四方の棒状に切り、水にさらして水けをしっかりきる。

2. フライパンに5mmの油と1を入れて中火にかけ、火が通るまで約7分揚げ焼きにする。油をきって粗熱を取り、Aをまぶす。

牛乳のやさしい甘さに、みかんの甘酸っぱさが出会いました！

牛乳寒天とみかんポンチ

| 材料(3〜4人分) |

牛乳…400㎖

A
水…100㎖
砂糖…大さじ3
粉寒天…4g

みかん(缶詰)…1缶

| 作り方 |

1. 直径20cm以上の耐熱ボウル(吹きこぼれる恐れがあるため)に牛乳半量とAを入れてよく混ぜる。ラップをしないでレンジ(600W)で8分加熱する。
2. 残りの牛乳を加えてよく混ぜ、粗熱を取って冷蔵庫で1時間以上冷やす。
3. 食べやすい大きさに切り、みかんの缶詰と合わせて盛る。

| 材料(3〜4人分) |

ヨーグルト(プレーン)…300g

A
牛乳…50㎖
練乳…50g
砂糖…大さじ1

粉ゼラチン…6g
水…大さじ2
〈レモンシロップ〉
水…80㎖
砂糖…20g
レモン汁…小さじ1
好みのフルーツ…適量

| 作り方 |

1. ゼラチンを水にふり入れふやかしておく。
2. ボウルにヨーグルト、Aを入れて混ぜる。ゼラチンをレンジ(600W)で20秒加熱して加え、手早く混ぜる。水でぬらしたバットに注いで冷蔵庫で3時間冷やす。
3. 〈レモンシロップ〉を作る。耐熱ボウルに水と砂糖を入れ、レンジ(600W)で1分30秒加熱する。粗熱を取り、レモン汁を加えて混ぜ、冷蔵庫で冷やす。
4. 好みのフルーツを食べやすく切り、2にのせて3をかける。

ヨーグルトゼリーレモンシロップ

さっぱりした口当たりで、暑い季節やさっぱりしたい日に！

フルーツドーム
レアチーズケーキ

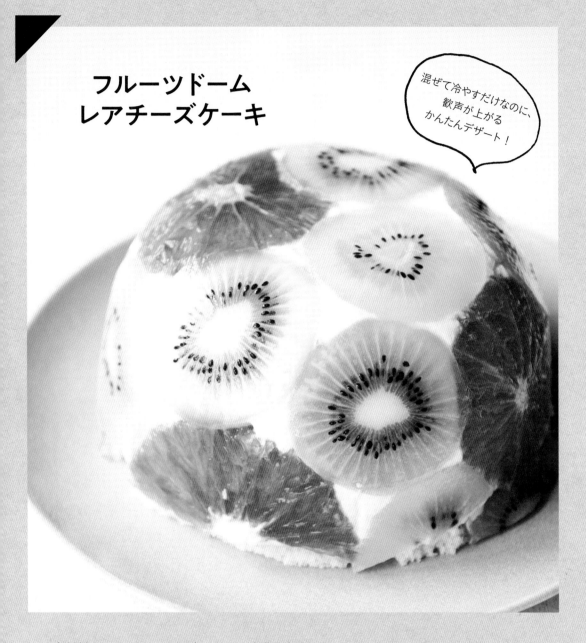

混ぜて冷やすだけなのに、
歓声が上がる
かんたんデザート！

| 材料（直径17cmのボウル1台分）|

クリームチーズ…200g
砂糖…60g
レモン汁…大さじ1
生クリーム…200㎖
粉ゼラチン…6g
水…大さじ2
キウイ、ゴールドキウイ…各小1個
ピンクグレープフルーツ…½個
カステラ…3〜4切れ

| 作り方 |

準備　ゼラチンは水にふり入れてふやかす。クリームチーズ
は常温に戻してやわらかくする。

1. フルーツは5㎜厚さの輪切りにする。ボウルにラップをしき、フ
ルーツを貼りつけておく（はみ出る部分はカットする）。

2. 別のボウルにクリームチーズを入れてなめらかにねり、砂糖、
レモン汁、生クリームの順に加えてよく混ぜる。続けてゼラチ
ンをレンジ（600W）で20秒加熱して加え、手早く混ぜる。

3. **1**のボウルに**2**を注ぎ、カステラをちぎってのせる。手でかるく
押さえ、ラップをして冷蔵庫で3〜4時間冷やす。ひっくり返
して取り出す。

食材別インデックス

使いたい食材や冷蔵庫に
余ったものから、レシピを探せます。

Mizuki　林 瑞季

料理研究家・スイーツコンシェルジュ。和歌山県在住。
【簡単・時短・節約】をコンセプトに、「Mizukiオフィシャルブログ〜奇跡のキッチン〜」で毎日レシピを紹介し、月間300万PVを誇る人気ブロガーとなる。3年連続レシピブログアワードグランプリを受賞。Instagramのフォロワー50万人突破（2020年9月現在）。企業のレシピ開発や、雑誌、テレビ、Webメディアなどで活躍中。
著書に『Mizukiの今どき和食』（学研プラス）、『Mizukiの 混ぜて焼くだけ。はじめてでも失敗しない ホットケーキミックスのお菓子』（KADOKAWA）などがある。

LINEブログ
https://lineblog.me/mizuki_official/

Instagram
@mizuki_31cafe

Ameba
https://ameblo.jp/mizuki31cafe/

STAFF
デザイン　野澤享子
　　　　　（パーマネント・イエロー・オレンジ）
撮影　　　豊田朋子
調理補助　田戸あゆ香、小倉唯
協力　　　ティファール（フライパン）
　　　　　https://www.t-fal.co.jp/
　　　　　マルミツポテリ（器）
　　　　　https://www.marumitsu.jp/

15分でいただきます！
Mizukiの2品献立

2020年 9 月24日　第1刷発行
2022年10月 4 日　第9刷発行

著　者　Mizuki
発行者　鉄尾周一
発行所　株式会社マガジンハウス
　　　　〒104-8003
　　　　東京都中央区銀座3-13-10
書籍編集部　☎03-3545-7030
受注センター　☎049-275-1811

印刷・製本 株式会社光邦

©2020 Mizuki,Printed in Japan
ISBN978-4-8387-3119-0 C0077

マガジンハウスのホームページ
https://magazineworld.jp/